英語教材を活かす

―理論から実践へ―

小野尚美　髙梨庸雄

朝日出版社

― 目　次 ―

はじめに　1

第1章　ことばの習得と「読むこと」　7

第2章　ポートフォリオを活用した読み書き指導　19

第3章　幼児期における語彙習得の重要性　37

第4章　絵本活用とStorytelling（鶴の恩返し）　49

第5章　Active Learningを指導にどう活かすか　69

第6章　小学校英語教育とモジュール方式　77

第7章　文字と音と意味を結びつける活動　87

第8章　読み書きをガイドする　97

第9章　RetellingとRewritingを活用した授業　111

第10章　読みの躓きに関する「Miscue分析」の活用　123

おわりに　137

索引　142

著者紹介　144

はじめに

　本書は、著者がこれまで研究してきた Reading Recovery Program（以下、RR プログラムと略す）の理念と指導方法を、日本で英語を学ぶ学習者のために応用した英語指導法として考案したものである。RR プログラムは、言語学習に必須と考えられる指導が30分間という訓練時間の中に効率よく凝縮されている。そして、その訓練を毎日実施し12週間から20週間で多くの児童がその読み書き能力を回復し、その訓練を終えてからも児童はその読み書き能力を維持している。英語を主要語としている英語圏の国々でその効果を発揮しているこの RR プログラムは、カナダではフランス語で躓いている児童のフランス語能力回復のために、またアメリカではスペイン語で躓いている児童のスペイン語訓練のために応用されており、その効果も報告されている。著者が研修で訪れた英語を主要語としている英語圏の国々（オーストラリア、ニュージーランド、カナダ）は移民の多い国で、RR プログラムの訓練を受けている多くの児童は、英語を外国語として学んでいる (learning English as an additional language)。このように報告されている RR プログラムの効果から、著者はこの RR プログラムの理念と指導法を外国語として英語を学ぶ日本の学習者の指導に応用することにより、学習者の英語能力を育成できるのではないかと考えた。

　本書は、この RR プログラムの考え方と指導を日本の小学校英語と中学校英語の指導に応用するための提案である。30分間の実際の RR の言語訓練は、①音、意味、綴りの関係を教えるフォニックス活動、②宿題となっていたテキスト（次回、どのくらい読めるか記録を取るための instructional text となるもの）を読む様子を観察して発音、意味理解、綴りで躓いていないか、その様子を記録に取り、リーディング能力を測定する、③ RR 教員との interaction を交えた当日のリーディング活動、

④読んだテキストの中で重要な文構造を理解する活動、⑤RR教員との interaction を交えたライティング活動、⑥自宅で宿題として読んでくる本の内の一冊をRR教員と一緒に読む活動から構成されている。また毎回の訓練の後には2〜3冊の本を読む宿題が出され、学習者は次の日の授業までに読んで来ることになっていて、その内の一冊が次の日の②の読みの能力を測定するテキストとなる。そしてRRプログラムの指導理念である roaming around the known「既知の事柄を基に未知の事柄を探る」が30分間に行われる指導の根幹を支えている。つまり、フォニックス活動、リーディングおよびライティング、文理解のための活動全てにおいて学習者の知っていることや興味に注目しながら、読み書き訓練につなげた指導を行っているのである。

　RRプログラムの考え方を日本の英語学習に応用するとどうなるだろうか。英語を外国語として使う日本の英語教育 (EFL) では、英語を第2言語として使う環境 (ESL) と比較すると、日常生活で英語によるインプット量が少ないので英語に触れる機会を増やす努力をしなければならない。そのために日本の小学校と中学校の授業では、音声を使った指導だけでなく、文字で書かれた英語のインプットも主要な情報源となる。つまり、音声と文字を同時に導入することは重要なポイントとなる。音で聞いた語はどんな文字で表現されるのか、日本の英語学習者は常に、音声で聞く英語と文字で読む英語に触れる必要がある。

　テキストを読むときには、内容理解とともに単語の音声、綴り、意味の関係を理解することの重要性について学習者に意識させることが肝要である。日本語と英語では、文字と音体系が異なる。アルファベット文字の名前（"A"を「エイ」と読むこと）とそれが表す音（"apple"の"a"は「エイ」ではなく /æ/ であること）の違いを教えることから始め、日本の学習者が口ずさむアルファベットの歌と実際の英単語を構成している音素の連続帯とは異なることを理解させる必要がある。英単語の読み方や意味は、音声を使用し、視覚教材を補助としながら理解させることができる。

文の理解、文レベルを超えたテキスト全体の理解を助けるためには、教師とのinteractionが重要な役割を果たす。読む活動の中で学習者が既知の知識を使って答えられるような質問をする、絵を見ながら内容理解を助ける、学習者の意見を聞いてみる、わからないときにはヒントを与えて内容理解につなげるなど教師とのinteractionは学習者のテキスト全体の理解を助けることができる。音声を使い、また教師とのinteractionを通してactive learning、guided reading、storytelling、retelling活動を行うことで、英語で書かれたテキスト全体を理解させることができる。本書では英語のテキストの活用方法を提示しているが、テキストの内容を読んで理解することに留まっているわけではない。教材を活かす中で読む活動からwritingやrewritingなど書く活動、学習者によるstorytellingといった話す活動へとつなげていく。本書で提示している教材の活かし方の根幹となる考え方は下記の図で示した通りである。

教材の活かし方を支える英語指導の基本理念

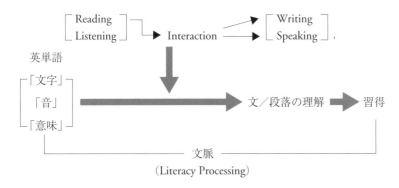

（Literacy Processing）

　また本書は、英語指導のための教材の活かし方だけでなく、RRプログラムが学習者の読み書き能力回復に必須と考えている観察記録の効果にも注目している。RRプログラムが学習者の言語学習の躓きを取り除きながら指導していく指導法であることから、日本の英語学習者が自身の学びを振り返り、理解できない内容とその原因を明確にし、問題を解

決しながら学ぶことができるためのeポートフォリオを取り入れた英語学習の方法を提示している。さらに、RRプログラムで取り入れている観察記録は、学習者のリーディング能力の発達を観察し、英語学習における躓きを取り除きながら指導していくことができることから、学習者のリーディング能力の測定と記録のためにmiscue分析を取り入れた指導法も提示している。

　これらの教材の活かし方は、外国語活動として英語を学ぶ小学校3、4年生（2020年以降）から教科として英語を学び始める小学校5、6年生（2020年以降）および中学校3年生までの英語学習者を対象としている。日本で英語を学ぶ学習者にとって、英語で書かれたテキストから得るインプットは重要である。英語で書かれたテキストは、様々な情報が伝えられるため、読む経験を通して英語の語彙や文法が学習者の記憶に残り、英語を読むことにより得た学習者の知識の定着を助ける。さらに、英語で書かれた様々な内容のテキストを読む経験とともに、テキストについて意見交換をする、その内容について英語で書いてみるというように他のスキルを使った活動へと発展させることができる。

　著者2名は、平成23年に開始したオーストラリア、ニュージーランド、その後のカナダでのRRプログラム研修以来、RRプログラムを日本の英語指導へ応用する方法を模索している。これまでの研修および研究結果は、2014年3月に金星堂から出版した『「英語の読み書き」を見直すReading Recovery Program研究から日本の早期英語教育への提言』と2017年3月に朝日出版社から出版した『小学校英語から中学校英語への架け橋　文字教育を取り入れた指導法モデルと教材モデルの開発研究』で報告している。特に、2017年に出版した著書では、日本の小学校5、6年生を被験者として、RRプログラムの理念と指導方法に基づいた英語指導法の効果測定を実施し、その結果を踏まえて、日本の小中連携を目的とした小学校英語の指導法にRRプログラムの考え方を応用する指導モデルを提示した。

　英語圏での英語学習と日本での英語学習では、学習者が得るインプッ

トとアウトプット量が異なるから、英語を主要語としている学習者のための指導方法をそのまま日本の教育状況に当てはめることはできないとよくいわれている。また、2020年に日本の公立小学校での英語が5年生から教科となり、英語学習に費やす時間は年間70時間となるが、その限られた時間内でどれだけの英語学習ができるのか、モジュールを活用することによりどれだけ英語学習のための時間を絞りだすことができるか、英語を教える教師がどれだけ効果的な教え方ができるかなどの課題について、小学校英語教育学会 (JES) や日本児童英語教育学会 (JASTEC) の学会や研究会では多くの議論が繰り広げられている。本書では、音声から入る言語訓練だけでなく文字教育を取り入れた言語訓練が言語習得に不可欠であること、日本の公立小学校および中学校で英語学習に割くことができる時間にカリキュラム上制限があることを前提とし、そのような制限時間がある中でも繰り返し実施することができる英語教材の活かし方の解説と実践例を示している。小学校と中学校の英語学習の連携は重要である。現在カリキュラムの中で与えられている学習時間に本書で提示しているように英語教材を活かすことで、小学校と中学校の英語学習の橋渡しが可能になるのではないかと考える。

　なお、本書は、成蹊大学学術研究助成基金とJSPS科研費15K02697の助成を受けて出版されました。

　今後、本書をお読みいただく方々から、ご意見ご感想を賜れましたら幸いです。

2018年3月
著者代表 小野尚美

第 1 章

ことばの習得と
「読むこと」

1 早期英語教育におけることばの習得

　子どもとことばの最初の出会いは音声からである。周りで話されている音声言語に慣れてきて、その音韻体系が次第に子どもの中でプログラム化されていく。生まれた時から日本語が話されている環境で育つ子供は、生後10か月ごろには既に育っている日本語の音声知覚が外界の音をとらえていくため、日本語にない音韻の聞き取りが困難になるといわれている（林、1999）。音声面の習得と年齢の関係を説明した臨界期説でもいわれているように、幼児期に言語学習を開始すると、特に発音や聞き取る能力がその言語の母語話者並みになることが期待されている。コミュニケーション能力重視の英語指導法となると、4スキルのうちlistening、speakingから訓練し始める指導法が多いのもそのような考えが基盤となっているからである。平成23年から日本の公立小学校で始まった英語教育のための指導要領でも、音声訓練から英語学習を行う方針となっていて、アルファベット指導および読み書き指導は中学校での英語の授業で行うこととなった。

　実際にことばの習得の様子を観察してみると、子どもは生まれて間もない頃から、親や家族など周りにいる人たちとの交流を通してことばと出会い、まずは語りかけてくることばの音に触れる。ことばといっても子どもにとって始めて耳に入ってくるのは人の声だけで、それも子どもにとっては物理的な音声でしかない。どんなメッセージが込められている声なのかはわからないのである。しかし、声色やイントネーション、子どもの体を揺するなどのボディランゲージから感じる感覚を通して、ことばを交わすタイミングや会話での間の取り方を学ぶといわれている。子どもも声を発して何かメッセージを伝え、周りの人から声をかけられ、何らかのメッセージを伝達される経験を通して、間もなくその音声に込められている意味を理解するようになる。子どもは健康に育っている場合、3歳ごろになると、爆発するような勢いでコミュニケーションのた

めに運用できる語彙量が増えるといわれている。子どもは、それまで生活の中で蓄えられた言語情報を取り込み、子ども自身の認知能力の発達によって語彙力を伸ばし、周りで起こっている出来事について次第に理解し、ほかの人たちとそれらの出来事について共感できるようになる。

　子どもはいつごろから文字と出会うのだろうか。子どもは遊びの中で鉛筆や色鉛筆などで落書きをしながら、何かを書く経験をする。それが文字であるとは言い難いが、周りの大人や兄姉がうまく導くことにより、子どもはその落書きの経験から、次第に文字らしきものを書くようになってくる。しかし、文字を目にするのは文字を書く経験よりも随分前から無意識のうちに経験している。広告の文字、壁や冷蔵庫などに貼ってある文字、親が読み聞かせている本の文字など、それらが意味することは理解できていなくても、何かのメッセージを伝えていることばの存在については無意識のうちに気づいているということである。

　Reading Recovery Program（以下、RR プログラムと略す）の発案者である Marie M. Clay (1991) は、このプロセスを「リテラシー発現」(emergent literacy) の時期と定義づけ、子どもが自身を取り巻く環境についての理解をしながら認知能力を発展させていくのだと説明している。Clay (1991) によると、この時期は小学校で読み書きを習う以前の 2 歳ごろから 5 歳ごろまでの時期であり、ことばでうまく伝えたいところを身振り手振りで補ったり、自分の理解した内容を発信するために自己流の文字 (invented letters) で表現したりしている。このような幼児の読み書きの手法は不完全なものであるが、この時期に培われるコミュニケーション方略がやがて文字を媒介として自分の意思を発信していくストラテジーへとつながっていくというわけである。このように考えると、就学前の文字に出会い、文字らしきものを書く経験をするこの時期は、子どもたちが文字についての知識を蓄える準備期間であり重要な時期なのである。

2　読むことと書くこと

　日本で英語を学ぶ小学生や中学生の場合、日常生活から得られる英語に関する情報は、英語を主要言語として学ぶ子どもたちの学習環境と違って限られている。そのため、「リテラシー発現」の時期の重要性を考慮すると、英語を学び始める小学生の頃から音声だけでなく、英語で書かれたテキストを読むといった英語によるインプットをなるべく多く与える必要がある。そして、聞いたり話したりといった音声によることばの使用経験だけでなく、読む経験、文字を使って書く経験を積み重ねることが肝要である。小学生が文字を使ってアウトプットをすることで、ことばについての知識が深まり、メタ認知能力の発達とともに自分のことばの使い方を振り返ることができ、さらに記憶として定着させることができるからである。

　習得する言語が母語であるか外国語であるかに関わらず、私たちがことばを習得する過程は、様々な要因が関係している。私たちは、学校での学習経験からだけでなく、日常生活でことばを使う経験を通してことばの情報を取り入れ、次第にことばについての知識が膨大なネットワークの中に組み込まれていく。特に、読む経験は、学習者が生活体験から得られた知識を基に意味を理解し、解釈する行為であり、その経験がさらに次の読む経験に影響していき、次第に言語能力が発達していくことになる (Ono, 1998)。それは、ことばの抽象性、記号性という観点から、テキストを読む過程でその意味は文字理解にとどまらず、読み手が既存の知識や経験に基づきどのように解釈をするかでテキストのことばの意味、さらにそのことばによって構成されているテキストの意味が異なってくると考えられるからである (ibid.)。

　ことばの抽象性とは、ことばはメッセージを運ぶ入れ物であり、その中身のメッセージはそれを受け取った人がどのように解釈するかによってその意味が異なるということである。つまり、ことばは記号としての

役割を持っており、誰かから発信されたことばは、そのメッセージの受け手が自分の経験を基に理解するため、しばしばことばの意味またはテキストの解釈は受け手によって異なりうる。このようなことばの性質を考えてみると、本を読む経験が多ければ多いほど、ことばのインプットが増え、ことばから得られるメッセージの理解、発信を繰り返すことにより、ことばの理解力と運用経験が増し、言語能力の発達が期待できると考えられる。

さらに言語運用能力を発達させるためには、ことばを使う経験も豊富でなければならない。アウトプット仮説にもあるように、学習者がことばを使うことにより、そのことばの意味を理解しているのかどうかに気づくことができる。心理言語学的視点から考えるとperformance（音声で、あるいは文字で発信すること）の前段階として十分なcompetence（知識）が必要である。また、人は受容している語彙（聞いたり読んだりして理解できる語彙）量ほど、運用できる語彙（話したり書いたりできる語彙）量は多くないといわれている。つまり既知のことばをなるべく多く使えることばにする必要がある。コミュニケーション能力を養成するためには、音声によるコミュニケーションからだけでなく、読む経験を積むことで知識を増やし、そのことばを使う経験を通してことばのネットワークをさらに発達させていかなければならない。

3 テキストの役割

ことばの習得のためには、実際にことばを使う経験を経て言語知識のネットワークを広げる必要がある。そして学習者は、コミュニケーションに使うための言語情報をできるだけたくさん蓄積しておく必要がある。そのため言語指導では、テキストが豊富な言語情報源 (information pool) となる。主要言語の習得でも外国語教育においても、テキストは、文字理解だけでなく、文化社会についての知識、ものの考え方や価値観など

成長期の子どもにとっては重要な情報源となる。そして、テキストは、人間としての成長、知的発達を助けるものなので、その題材選定には注意を払うべきである。英語圏の読み書きに躓いた児童の訓練プログラムである RR プログラムでは、文字理解を促進するために、日常会話で使われている表現と語彙で書かれ、日ごろ子どもの周りで起こりうる事柄を題材として取り上げている little books を使って、音声言語と書記言語をつなげる指導を行っている。RR プログラムでは、題材も語彙や文の複雑さも細かくレベル別になっている。この little books を読み、RR 教員との interaction を通して読み書きに躓いた子どもの能力回復を可能にしている。

　英語によるインプット量が限られている日本の英語学習者の場合はどうであろうか。学習者の内容理解を助け、英語で読むことについて意欲を高めるために、学習者のスキーマを活性化させる方法をとるのがよい。つまり、学習者は、子供の頃に読み聞かされた経験や自分で読んだ経験から既に知っている日本の昔話や日本の文化を題材とした英語テキストを読むことから始める。そして、次第に日本文化と英語圏文化の類似点や相違点があることを話題にしたテキストや、異文化特有の行事や習慣など学習者にとって馴染みのない話題を扱ったテキストを読んでいく機会を与えていくといった工夫をすることで、英語の語彙や異文化についての知識を蓄えることができる。

4 読み書き活動のためのタスク

　英語による効果的なインプットを与えるための活動として本書では、「読み聞かせ」活動（英語訳として "storytelling"）の効果について注目する。「読み聞かせ」は、教師や大人が子どもにテキストを読んで聞かせることであるが、幼児期に本を読み聞かせること、特に絵本の読み聞かせは、子どもにテキストの内容を想像することを助け、話の内容と自

分自身を関連づけさせる（英語では engaging といわれ、「自分もそうだった」というように話の内容に自分の体験や考えをつなげていく行為）ことにより、就学後の読書によい影響を及ぼすといわれている。例えば、吉田と藪中 (2015) の研究では、日本の小学校1、2年生を対象に、家庭での就学前の絵本の読み聞かせによる読書経験が就学後の読書量に影響を与えていることがわかっている。特に中学生や高校生の読書への影響と比べると、就学前の親などによる本の読み聞かせの影響は、子どもが幼い年齢であるほど大きいといわれている。また、実験結果を踏まえて絵本の読み聞かせの役割について述べている杉浦と清水 (2014) の研究では、アンケート結果から、目で見る語は、耳で聞く語とは違うが、耳で聞く語はやがて文字と結びつき、子どもは自分自身で読む能力を発展させると結論づけている。この杉浦と清水の研究結果は、emergent literacy の概念を支持するものである。

　L1 および L2 の言語学習における読み聞かせの効果に関する先行研究についてまとめた論文がある。Lucarevschi (2016) によると、近年、本による読み聞かせと電子機器を使った読み聞かせがあり、どちらも効果を上げていると報告している。質的および量的研究の結果によると、読み聞かせは、年少の学習者にことばのリズムやイントネーションの特徴を教えること、語彙を増やすこと、流暢に話す能力を養うことができるという利点がある。読みの能力については、Contextualized Storytelling Approach (CSA) の効果を検証する研究結果から、イラストを使った読み聞かせは、comprehensible input を与えることができ、読解能力の向上を助けることがわかった (Huang, 2006)。また、読み聞かせは、大人の第二言語学習者の英語力向上と英語学習に興味を持たせ、学習意欲が増す効果もあるという結果が報告されている (Wright, 1995)。さらに、L2 学習の際には、ディスカッションや協働学習を取り入れることにより、いわゆる認知発達の最近接領域 (the Zone of Proximal Development) のレベルまでその能力を伸ばすことができる点で、読み聞かせが効果的な活動だといえる (Ko Schallert & Walters, 2003)。

また、日本で英語を学習する子どものアウトプット能力を引き出すための活動として、retelling と rewriting タスクがある。Retelling と rewriting 活動とは、読み手がテキストを読んだ後、または読み聞かせの後、その内容を知らない人に自分のことばで説明するタスクである。Retelling 活動は、音声によって他の人に読んだ内容を伝える場合であり、rewriting は、文字でその内容について表現する場合である。Retelling または rewriting によって、読み手がどれほどテキストを理解しているか、また読み手が理解した内容をいかに他の人にうまく伝えることができるかを測ることができる。どちらにしても、読み手が読んだ内容 (text information) について自分のことばで語る（または書く）ことになるので、そこにはテキストの内容理解だけでなく、読み手がそのテキストをどのように解釈したかも反映されることから、読み手がその内容について意味を構築していく過程 (making-meaning process) となる。読解過程は transactional process であると主張する Rosenblatt (1983) の考え方にもあるように、読み手は読む過程で自分の人生経験や知識を使ってテキストの内容を再構成し、自分なりの解釈を加えた新しいテキストを作り上げていくものである。読みの指導に retelling 活動や rewriting 活動を行うことによって指導者は、学習者がテキストの内容をどの程度理解しているか、自分の経験や知識を反映させながらどのように行間を解釈しているかを把握できる。また、学習者がどの語彙、どの文で躓いているかも理解できるのである。

　早期言語指導に retelling を使って教えた効果についての報告がある。Pacific Resources for Education and Learning (2004) によると、アメリカのある小学校での読み指導で、教師が retelling 活動を通して生徒が既習の知識を retelling する内容に結び付けさせながら自分の考えを整理できるよう指導した。その結果、生徒が話やその話の構成について理解を深めることができるようになったと、その効果を認めている。子どもが話を retelling する活動が、その話の理解、表現に使う語彙量を増やすのに役立ったという研究結果も出ている (Dunst, Simkus & Hamby, 2012)。その

研究では、retellingの際にテキストを子どもの興味や個人的な経験に結び付ける、テキストを紹介するために丁寧に説明する、子どもにテキストの内容についての意見を聞く、テキストを読む前に内容を予測させるといった方略を使うことによって、より高い効果が期待されることもわかった。

5 まとめ

　ことばの習得過程は、社会心理言語学的過程 (socio-psycholinguistic process) であるといわれている（Carolyn Burke の授業内容から、1987）。ことばの習得には、ことばそのものの習得とともに、ことばが使われている社会や文化の理解、子どもがことばを使って意思伝達するときの心理面の要素が複雑に関係してくるということである (Harste, Woodwords & Burke, 1982)。このような視点から、日本で英語を学ぶ小学 5 年生と 6 年生、中学生の学びについて考えてみてみる。小学校や中学校で英語を学ぶ生徒は、英語という言語を学ぶとき音声だけでなく文字によるインプットを取り込み、音声および文字によるアウトプットを行いながら英語を習得していく。また、ことばを使うときには、学習者は自分たちを取り巻く環境から情報を取り入れ、また、人とのコミュニケーションの際に自分の考えや情報を発信する。そこには英語で発信したいという動機付けを含む学習者の心理的要素も考慮に入れなければならない。しかし日本で英語を学ぶときには外国語であるため、言語的インプットをかなり与えなければならない。そこでテキストが重要な役割を果たすというわけである。どのようなテキストに興味をもつのか、どのようなテキストならば理解しやすいのか、どのような導入の仕方をすれば理解しやすいのか、学習者のテキスト理解を助けるために様々な工夫が必要である。英語能力がまだ十分ではない日本の小学生や中学生の場合、英語を英語として学ぶだけでなく、日本語での意味と英語で表現されている

語彙の意味の違い、ニュアンスの違いについても理解させる必要がある。このような英語指導を効果的にするためには、テキストの文化的背景の理解、英語運用のための4スキル (listening, speaking, reading, writing) の向上に役立てるためのテキスト選定や活用方法を模索していく必要があるのだ。

引用文献

杉浦篤子・清水貴子（2014）「絵本―読み聞かせの役割と可能性」藤女子大学人間生活学部紀要，第51号，85-98.

林安紀子（1999）「声の知覚の発達」『ことばの獲得』（桐谷滋編）ミネルヴァ書房.

吉田佐治子・藪中征代（2015）「幼児期の絵本の読み聞かせが就学後の読書に及ぼす影響」摂南大学教育学研究，第11号，33-46.

Clay, M. M. (1991). *Becoming Literate: The Construction of Inner Control*. Birkenhead, Auckland: Heinemann Education.

Dunst, C. J., Simkus, A., & Hamby, D. W. (2012). Children's Story Retelling as a Literacy and Language Enhancement Strategy. *Center for Early Literacy Learning (CELL) Reviews 5(2)*, 1-14.

Harste, J., Woodwords, V. J., & Burke, C. (1982). *Language Stories & Literacy Lessons*. Portsmouth: Heinemann Educational Books.

Huang, H. (2006). The effects of storytelling on EFL young learners' reading comprehension and word recall. *English Teaching & Learning, 30(3)*, 51-74.

Ko, J., Schallert, D., & Walters, K. (2003). Rethinking Scaffolding: Examining Negotiation of meaning in an ESL Storytelling Task. *TESOL Quarterly, 37(2)*, 303-324.

Lucarevschi, C. R. (2016). The role of storytelling in language learning: A literature review. *Working Papers of the Linguistics Circle of the University of Victoria, 26(1)*, 24-44.

Ono, N. (1998). *Reading as Inquiry: A New Horizon for ESL Learners*. Tokyo: Liber Press.

Pacific Resources for Education and Learning (PREL). (2004). *Early Literacy and Assessment for Learning (K-3) Series Exploring Comprehension through Retelling: A Teacher's Story*.

Rosenblatt, L. M. (1983). *Literature as Exploration.* New York: The Modern Language Association.

Wright, A. (1995). *Storytelling with children.* Oxford: Oxford University Press.

第2章

ポートフォリオを
活用した読み書き指導

1 ポートフォリオの理念と複言語・複文化主義

　日本でポートフォリオが導入されてから、かなりの年数が経っている。日本の外国語指導の現場でも、2000年ごろからリーディングやライティング指導を中心にポートフォリオを活用した研究事例が報告されている。この時期の一時の流行が落ち着いたともいえるが、その後、あまり進化・発展がなされていないのではないか、という疑問もある。ポートは「運ぶ」、フォリオは「（葉から1枚の）紙」を意味し、本来、能力ベースの資格証明を求める者が、評価 (assessment) のためにその証拠となるものを入れておく整理用ホールダーのことである。一定期間（学期）が経過した後、そのホールダーに残っているものを分類・分析し、学習者の評価を算定する。このようなポートフォリオを活用した学習過程の評価をポートフォリオ評価と呼んでいる。教科によって活用度に差があるが、日本の場合「紙媒体」であることでは共通している。日本におけるポートフォリオを要約すれば、このようなイメージになる。

　外国語学習のために使われているポートフォリオで最も大規模なものに、ヨーロッパ言語ポートフォリオ（European Language Portfolio, 以下 ELP と略す）がある。ELP は、1950年代後半以降欧州協議会が推し進める言語教育のために開発したヨーロッパ言語共通参照枠 (Common European Framework of Reference for Languages: learning, teaching and assessment, CEFRL) に準拠したもので、学習者が自律した言語学習者になることを目指し、生涯学習として言語学習をしていくための個人の記録である（清田、2012）。ELP は、言語パスポート、言語履歴、資料集という3部構成になっている。言語パスポートは、「パスポート」という名称通り、その所有者の母語は何か、他にどのような外国語でコミュニケーションできるかなどの言語アイデンティティー、現在の言語運用能力を示す資格、学習経歴や異文化体験の概要を国際的にわかりやすく示すものである。言語履歴は、学習者がこれまで言語をどのように学習

してきたのか示す記録であり、学習者が言語運用能力を自己評価するチェックリストが含まれる。資料集は、学習者の言語学習に関する作品やテストの結果、学習者が書いた書評など言語パスポートと言語履歴の具体例を示す学習者の作品を集めた記録文書である。ELP は、学習者の複言語主義、複文化主義への理解を深め、言語は使うことによってその運用能力を向上させることができるという行動主義的立場から自律した言語学習者になることを目的として、言語能力養成の達成度と学習体験の記録なのである (ibid.)。複言語主義、複文化主義とは、母語を身に付けた人々が母語以外に少なくとも 2 つの外国語運用能力および外国文化についての知識を有することにより、異文化の人々と円滑な相互理解ができるようになるためには、多様な言語と文化についての知識を使い分けることのできる能力の養成が必要であるという考え方である（細川・西山、2013）。この考え方は、ヨーロッパの人々の間での交流を円滑にし、ヨーロッパ社会の結束と統合の促進を目指す欧州評議会の言語政策を支えている理念である。

　ポートフォリオは、北米やイギリスでは1990年代から既に実践されている（駒形、2008）。また近年、ポートフォリオの形式は、紙媒体によるファイルとして記録するものだけでなく、DVD やボイスレコーダーなどの視聴覚機器、コンピュータやネットワークなどのメディアを利用した自己評価や教師やクラスメートとの相互評価の活動へと発展させた ePortfolio (Electric Portfolio) またはデジタルポートフォリオ (Digital Portfolio) の時代に移行しており、多様な分析が行われるようになっている。特にこのデジタルポートフォリオは、日本でも小学校での「総合的学習の時間」で使われるようになり、その効果について報告されている（岩見、2006）。実際にリテラシーの指導や分析では、Digital Portfolio がどのように用いられるのであろうか。以下に、利用可能な項目をあげてみる。

・ライティングの見本（語彙、文章構造、題材などの的確さ）
・非公式な観察や評価（試験の結果ではなく、コメントや感想）

・綴りのチェックリスト（英語の頻度数の高い音節構造を中心に確認する）
・音声テープの作成
・興味・態度調査
・日記を書く
・単元末リーディングテスト
・work 見本
・標準テスト

　これらは基準となる学習指導要領 (Course of Study) の内容によって項目の種類や数に違いが出てくるのは当然である。また、ポートフォリオを主に教師の視点から記録する場合、学習者の視点から記録する場合、さらに両者の視点を含む場合によって、項目の種類や数に違いでてくる。

　次に Digital Portfolio と Paper Portfolio の違いをまとめてみよう。

	Digital Portfolio	Paper Portfolio
1	簡単に悪化しない	時間が経つと悪化する
2	永続性あり	永続性なし
3	項目移動自由	項目移動は簡単ではない
4	再生自由・可能	再生には要時間・美的損失あり
5	調査分析容易	目次・検索可能。相互参照に要時間
6	協働作業可能	協働作業に要時間／同時作業不可
7	他者に「生きた」資料となる	資料となるには限界があり時間の制約あり
8	時間・場所にかかわらず再検討可能	再検討には時間、場所、人物の制約あり
9	複数検討者による同時点検可能	複数検討者による同時点検にはコピーと同一場所が必要
10	中心となる素材に対し異なる見方が可能	中心となる素材に対し固定された視点のみ可能
11	視点が様々な機能を表示可能：進歩、過程等	多様な機能を表示する視点は不可
12	構造が横線・上下どちらでも可	構造は固定されている
13	生徒・教師間の交流はいろいろな場で可能	生徒・教師間の交流は授業中のみ

14	生徒の感情や情緒の表現が可能	生徒の感情や情緒の表現は不可
15	生徒のICT技能の改善が可能	ページをめくる時の指の動きは改善可能
16	いつでも容易に編集可能	編集することは容易ではない
17	どんな場所・タイプ・数にも伝達可能	それを行うには多額の費用がかかる
18	反省的実践を意図している	反省的実践を勧めることはより困難である
19	教室を必要に応じて無限に拡大可能	教室拡大には生徒や機器を運ぶ必要あり
20	何処にいても何時でも接触可能	物理的運搬が必要
21	生徒の熟達度に応じて個別的学習が可能	内容やその組織化は主に教師による
22	発達の度合いが焦点化できる	しばしば相対的評価が焦点化される
23	所有者は資料への完全な共有とコメントが可能	いったん所有者の手を離れると評価は不可
24	アクセスや使用する所有者である必要はない	所有者は第三者に書類や本について遠隔指導は可能
25	データの紛失や入力間違いが少なく安全	データの紛失や破損が生じやすい
26	マルチメディアやその組み合わせが可能	紙ベースだけで、それ以外のメディアは見本に留まる
27	ファイルを埋め込む(embed)ことが可能	ファイルを埋め込む(embed)ことは不可能
28	他の参考資料に直接・敏速にリンクできる	手製の参考資料は利用可能だが困難で時間を要す

註:左欄のデジタル・ポートフォリオにおいては、堅実なICT (Information and Communicating Technology) の使用が、特に安全確保、プライバシーおよびバックアップに関して留意されている(Ministry of Education, N.Z., 2011)。なお、この表は、著者が和訳したものであることをお断りしておく。

2 日本の英語学習へのポートフォリオの活用

　日本で一般的に実施されているポートフォリオに「ラーニング・ポートフォリオ(学習ポートフォリオ)」がある。これは、言語学習だけで

なく、あらゆる学習効果について学生が目標を立てたり、学習状況のチェックリストを作成して記録したり、課題を達成するためにどのような資料や材料を集めたか、またそれをどのようにして発表したか、当該学習がどの程度成果があったのかを記録するものである（清田、2012）。日本の中学や高等学校では、中間や期末テストの結果次第で成績の多くが決まるのだが、このようなポートフォリオを評価基準として使うことにより、学習者がどれだけ努力や挑戦を試みたのか、彼らの学習過程を質的にまた多面的に評価できる可能性を見いだせるという点から、有効な評価方法だといえる。また、日本の中学校や高等学校でパソコンの普及と高性能化およびネット環境の整備が進み、英語教育に「デジタルポートフォリオ」を取り入れた指導例の報告が増えており、ポートフォリオを使った学習と評価方法に新たな可能性を見出すことができている（岩見、2006）

　セクション 1 の Digital Portfolio と Paper Portfolio の対照表にみられるように、デジタルポートフォリオの使用は、紙媒体の言語ポートフォリオの欠点を補うことができる点優れているといえる。デジタルポートフォリオの特徴と利点で最も指摘されているのは、データの持ち運びが便利になり、途中でデータを加え、修正しながらデータの整理保存がうまくできる、テキスト、チャート、グラフイメージ、ビデオを使うことによって、学習過程を多面的にとらえ、学習者の成長と改善点をより明らかにすることができるということである (Ministry of Education, N.Z., 2011)。さらに、ボイスレコーダーを使用して、教師や学習者同士で意見交換をしながら校正の方法の模索や、学習者が学習の最中に自身の学習について考えていることや不安についても話し合い、その学習記録をその後の学習につなげていくことが容易になる（ibid.）。岩見（2006）もまたデジタルポートフォリオについて、デジタル化した成果物はネット上で公開して多くの人と共有でき意見交換が可能となる、蓄積された成果物を必要な時に検索し、資料として活用することができる、成果物に対する評価を実施する際に、その根拠について客観的に示すことがで

き、評価の信頼度を高めることができると、その使用を勧めている。クラスが大人数の場合、一人一人に丁寧なフィードバックや助言を与えるのに時間がかかる、学習者が自身の言語学習記録であるポートフォリオを学校に持ってくるのを忘れてしまう、また紛失してしまうといった管理が困難になる場合もある (British Council) が、それらの問題点は、デジタルポートフォリオの活用によって解決できるであろう。

　実際にポートフォリオは、英語指導方法として既に日本の教育現場には浸透している。特に、ライティング指導では、学習者の作品を最初の校正の段階から記録に残し、peer editing や peer revising、教師からの助言を通して、自分の作品について振り返るといったライティングの過程を重視しながら、ライティングを完成していくという方法がライティング能力向上に役立つと考えられている。ライティング指導のためにデジタル化したポートフォリオを使うと、ライティングの校正過程の記録の保存や参照を効率的に行うことができる。

　このように、デジタルポートフォリオの使用は、学習過程を多面的にとらえて記録し、そのデータを活用しながら学習を進めていくことができ、学習者が自身の学習過程について責任を持つこと (ownership) を奨励することができる (Ministry of Education, N.Z., 2011)。そしてそのことが学習者の学習意欲を高めることができるであろう。

　英語学習におけるポートフォリオの効果の先行研究で共通して述べられていることは、学習者が自分の学習状況や言語能力の実態について理解し、自分で学習目標を設定し、自分の学習について自己評価していくことが学習者の動機を高めることにつながる可能性があるということである（小嶋、2010；峯石、2002；鷲巣、2009）。また、中学校での英語学習に躓いた経験は、「英語が苦手である」「英語が嫌いになる」という学習者の意識と態度を引き起こし、彼らは英語の基礎知識を補えず、知識や運用能力を着実に身に付けられないまま大学生になってしまうのだといわれている（清田、2012）。このことから、英語リメディアル教育（英語学習の躓きを改善するための教育）でのポートフォリオの活用の

可能性もあるといわれている。しかし、英語リメディアル教育の対象となる学生は、メタ認知能力を活用することができないためその学習の取り組みにおいて効果を上げることができないという指摘もあり（酒井、2011）、学習者が内省をしながら動機を高めるといったポートフォリオの効果を狙うためには、学習者のメタ認知能力を高める点に注目した指導が必要だと考えられる。Pintrich (2002) は、このメタ認知能力を構成する重要かつ具体的な要素を自己についての知識 (self-knowledge) だとしている。つまり、ポートフォリオにおける学習者の「内省」とは、学習者自身の良い点 (strength) と改善すべき点 (weakness) を評価するということであり、そのことに気づくことが学習の改善につながるのである。さらに、ポートフォリオは、教師にとって学習者一人一人の学びを観察する機会を与えるため、それを有効利用するためには、ただ学習者の作品や活動内容をファイルするのではなく、学習者にその成長過程がわかるように示すこと、一人一人の学習者へのフィードバックを丁寧に行うことが肝要である（佐藤・森、2004）。

3 ポートフォリオを読み書き指導に活用する

　このような視点から、日本で英語を学ぶ小学生や中学生が英語で書かれたテキストを読むことができるようになるため、また英語学習の動機付けを高めるために、ポートフォリオの活用方法を模索していく。また上記で述べたように、紙媒体ではなくデジタルポートフォリオを使い、学習者が自身の学習状況について内省しながら、理解できたこと、まだ理解できていないことを明らかにする。この目的のために、デジタルポートフォリオには、次の項目を入れる（清田、2012）。

① 学習理解 / 学習の振り返り
　学習者が授業を受けているとき、または自分で英語のテキストを読む

ときに、語、句、文、パラグラフ、またはテキスト全体の意味や背景知識の理解においてどの部分が理解できて、どの部分が理解できていないか、テキストに付随した問題がある場合はどの問題が理解できて、どの問題が理解できなかったか、明らかにする必要がある。それぞれの記録は、テキストファイル形式で記録しておく。教師は、学習者がわからなかった部分について解説するときに、このポートフォリオの記録を参照しながら指導する。学習者は、5段階で（5．よくわかった、4．まあまあわかった、3．どちらともいえない、2．あまりよくわからなかった、1．全くわからなかった）または（5．よくできた、4．まあまあできた、3．どちらともいえない、2．あまりよくできなかった、1．全くできなかった）で理解度を記録する。

② 学習意欲

　学習者がテキストを読む際に、学習者の情意面の変化について記録し、学習が進むに従い、どのように変化していくのか学習者だけでなく教師も理解する必要がある。学習者が英語のテキストを読む際にどのようなことが気がかりか、英語による読みに不安を感じている理由、理解できていない理由について教師の観察の結果と学習者の自己分析した結果を記録する。学習者は、学習意欲について5段階（5．とても面白かった、4．まあまあ面白かった、3．どちらともいえない、2．あまり面白くなかった、1．全く面白くなかった）で示し、自由記述欄に自分の学習についての意見や感想を述べる。

③ 学習成果の記録

　当該テキストを最終的にどの程度理解できたか、どこが難しかったかについての自己評価を記録し、次の学習へつなげていく。また授業のまとめの段階で小テストなどの客観的な評価が出た場合はその点数も記録しておく。

ポートフォリオの内容は、教師が行った授業に対する学習者からのフィードバックでもある。教師は、学習者が未修得の内容についてなぜ未修得なのか、どのようにすれば理解できるようになるか解決法を探し学習者の言語能力の養成を助けることが期待されている。また、教師も自身の読みの指導についてのフィードバックのために、学習者の読解の様子についてチェックリストを使って評価してみる。学習者のポートフォリオ（付録1）と教師によるチェックリスト（付録2）の両方を見ていくと、適切な指導方法が見つかるのではないだろうか。

　ここでは、lesson（各課）ごとに、学習者にポートフォリオを記録させることを提案する。ポートフォリオの中のカテゴリーは、①学習理解／学習の振り返り、②学習意欲、③学習成果の記録である。以下は、文部科学省検定教科書の一つである New Crown English Series New Edition 1（2015）にある "Let's Read" の "Alice and Humpty Dumpty (pp.126-128)" を例に出して説明する。この課には、場面ごとにイラストが描かれている。そのイラストを使って読解の訓練をする。この課が終わったときに、学習者はそれぞれの活動について自身の学習の振り返りを5段階評価で記録する。学習意欲については、5段階評価の他に自由記述欄に自分の学習についての反省や意見を書く。学習成果の記録には、自分の学習について5段階で評価して、小テストなどで客観的な評価を受けた場合はその点数も記録しておく。

場面 1

　Alice saw a rabbit. The White Rabbit looked at his watch and said, "I'm late. I'm late." He ran into a hole in the ground and disappeared. She followed him.

　Alice fell down the hole. Down, down, down, she fell. She went to Wonderland.

場面 2

Alice saw a big egg on a high wall.

The egg said, "I'm Humpty Dumpty. What's your name, little girl?"

"My name is Alice," she said.

"Alice? What does it mean?"

"Does a name mean something?" she asked.

"Of course it does. My name means my shape."

"I see," Alice said. "I like your belt. It is very nice."

"My belt? My belt! It is not a belt. It is a tie. It's around my neck."

"Well, it's a very nice tie too."

場面 3

Alice looked around. "The wall is very high. Please be careful," she said. "Do you know this song?" she asked.

Humpty Dumpty sat on a wall.

Humpty Dumpty had a great fall.

"Stop!" cried Humpty Dumpty. "Don't sing that terrible song. I don't like it at all."

以下は、デジタルポートフォリオをいかにして活用するかについて実践例である（ポートフォリオの形式については付録1を参照）。振り返る内容について統一する部分と、自由に振り返りについて書ける部分を作成する。

① 学習理解／学習の振り返り

1．Pre-Reading 活動

指導内容："Alice and Humpty Dumpty" の話を読んだことがありますか。"Alice and Humpty Dumpty" を読む前にその内容について予測してみよう。

「時計を持った白兎」「Aliceという名前の女の子」「「白兎の後を追って言ったらAliceが穴に落ちてしまった」「Wonderland」の特徴から『不思議の国のアリス』の話を思い出させる。少しでも話について知っている学習者に知っていると思われる内容について話す機会を与える。

学習の振り返り：5段階で自分の学習を振り返ってみよう。当てはまるものに〇を付ける。

5．よくできた、4．まあまあできた、3．どちらともいえない、2．あまりよくできなかった、1．全くできなかった

2．While-Reading 活動

指導内容：それぞれの場面にはイラストが入っている。それぞれの場面で、登場人物とその場面での出来事について説明してみよう。

2－1（場面1）Aliceは誰に会いましたか。Aliceがあった人物（動物）はどんな格好をしていましたか。

学習の振り返り：5段階で自分の学習を振り返ってみよう。当てはまるものに〇を付ける。

5．よくわかった、4．まあまあわかった、3．どちらともいえない、2．あまりよくわからなかった、1．全くわからなかった

2－2（場面1）Aliceはどんな行動に出ましたか。どんなことが起こりましたか。

学習の振り返り：5段階で自分の学習を振り返ってみよう。当てはまるものに〇を付ける。

5．よくわかった、4．まあまあわかった、3．どちらともいえない、2．あまりよくわからなかった、1．全くわからなかった

2-3（場面2） Aliceは誰に会いましたか。その人物の名前は何ですか。

学習の振り返り：5段階で自分の学習を振り返ってみよう。当てはまるものに○を付ける。

5．よくわかった、4．まあまあわかった、3．どちらともいえない、2．あまりよくわからなかった、1．全くわからなかった

2-4（場面2） Aliceとその人物は何について話しましたか。

5．よくわかった、4．まあまあわかった、3．どちらともいえない、2．あまりよくわからなかった、1．全くわからなかった

学習の振り返り：5段階で自分の学習を振り返ってみよう。当てはまるものに○を付ける。

2-5（場面2） Aliceはある間違いをしました。それはどんな間違いだったでしょうか。

学習の振り返り：5段階で自分の学習を振り返ってみよう。当てはまるものに○を付ける。

5．よくわかった、4．まあまあわかった、3．どちらともいえない、2．あまりよくわからなかった、1．全くわからなかった

2-6（場面3） その人物は、Aliceのある行動に対して怒っています。どうして怒っているのでしょうか。

学習の振り返り：5段階で自分の学習を振り返ってみよう。当てはまるものに○を付ける。

5．よくわかった、4．まあまあわかった、3．どちらともいえない、2．あまりよくわからなかった、1．全くわからなかった

3．Post-Reading 活動

指導内容：この話を何回も音読してみましょう。音読した後に、隣の人とペアになり、この3つの場面について英語で retelling（再話活動）をしてみよう。

学習の振り返り：retelling は相手に十分伝わったと思いますか。5段階で自分の retelling について振り返ってみよう。当てはまるものに〇を付ける。

　5．よくできた、4．まあまあできた、3．どちらともいえない、2．あまりよくできなかった、1．全くできなかった

学習の振り返り（自由記述）：この課で自分が理解できなかったこと、理解できたことについて書いておこう。難しかった語、句、文があれば、書き写しておこう。

② 学習意欲

指導内容："Alice and Humpty Dumpty" についての Pre-Reading 活動、While-Reading 活動、Post-Reading 活動を振り返り、自分の学習について述べましょう。

学習意欲：5段階で自分の学習を振り返ってみよう。当てはまるものに〇を付ける。

　5．とても面白かった、4．まあまあ面白かった、3．どちらともいえない、2．あまり面白くなかった、1．全く面白くなかった

学習意欲（自由記述）：この課について自分が理解できなかったところ、面白いと思ったことについて書いてみよう。

③ 学習成果の記録

Pre-Reading 活動、While-Reading 活動、Post-Reading 活動の成果を記録する。小テスト等を行って客観的な評価を受けた場合はここにその点

数を書いておく。自由記述欄には、自分が以前理解できなかったが、今回は理解できた部分があったか、未だ理解ができていない部分があるかなどについて記録しておく。

　言語習得の分野で行われている研究では、学習者の情意面に配慮して、学習者の動機付けを高め、彼らが意欲的に習得をしようとする気持ちが大切であるといわれている。実際に日本の英語の授業では学習者の学習状況を客観的な数字で評価する場合がほとんどであるが、学習者がどこで躓いているか究明し、その躓きを解決していかなければ言語学習は進まない。わからなかったことが理解できるようになることによって学習者の英語学習における動機付けを高めることができるのであり、言語学習のプロセスでは学習者の抱えている問題を解決しながら言語学習を積み上げていくことが肝要なのである。このポートフォリオの活用（特に近年ではデジタルポートフォリオの活用）によって、教師が学習者の情意面に注意を払うことが可能になり、学習者が抱えている問題を解決する方法を模索することができるであろう。

　さらに、学習者の読解能力の発達を助けるために、教師も学期ごとに読解発達チェックリストを使って、次の指導の改善に努めることも重要である。付録2の読解発達チェックリストは、毎学期ごとに生徒の読解の状況を観察し、記録に残すためのリスト例である。教師の観察記録と学習者のポートフォリオは、これまでの客観的記録および数字で表された学習評価と違って、英語学習者の学習過程を内側からとらえることができるであろう。

参考文献

岩見理華（2006）「中学生への英語教育における『デジタルポートフォリオ』の有効性」第18回英検 (Eiken Bulletin) 研究助成報告書 B. 実践部門, Vol.18, pp.119-141.
　Retrieved June 17, 2017, from

https://www.eiken.or.jp/center_for_research/pdf/bulletin/vol18/vol_18_p119-p144.pdf

小嶋英夫（2010）「第6章　学習者と指導者の自律的成長」『英語教育学体系　第6巻　成長する英語学習者　学習者要因と自律学習』大学英語教育学会監修. 大修館書店. 146.

駒形千夏（2008）ヨーロッパ言語ポートフォリオ―開発と導入に関する一考察―. 現代社会文化研究　No.42.

清田洋一（2012）英語リメディアル教育におけるポートフォリオの活用―英語学習における自律性の向上―明星大学研究紀要―教育学部　第2号，43-57.

酒井志延（2011）「リメディアルと向き合う」『英語教育』Vol.59 (12), 10-12.

佐藤史子・森朋子（2004）「ポートフォリオ評価の現状」東京家政学院大学紀要　第44号　人文・社会科学系，171-178.

下絵津子（2006）第二言語教育におけるポートフォリオの活用 (The Use of Portfolios in Second Language Education). 宮崎公立大学人文学部紀要　第14巻　第1号，149-167.

根岸雅史（他36）（2015）『New Crown English Series New Edition 1』　三省堂.

細川英雄・西山教行編（2013）『複言語・複文化主義とは何か　ヨーロッパの理念・状況から日本における受容・文脈かへ』東京：くろしお出版.

峯石緑（2002）『大学英語教育における教授手段としてのポートフォリオに関する研究』渓水社.

鷲巣由美子（2009）「国士舘大学における到達度レベルと外国語ポートフォリオ―ヨーロッパの言語共通参照枠 (CEFR) とポートフォリオ (ELP) を参考にして」『外国語外国文化研究』第19号. 1-18.

British Council. (n.d.). Portfolio in ELT.
　Retrieved June 17, 2017, from
　https://www.teachingenglish.org.uk/article/portfolios-elt

Kuperschmid, C., & Cerulli, S. (n.d.). *Using a Literacy Portfolio in a Third-Grade Class.*
　Retrieved August 10, 2017 from
　http://www.prenhall.com/literacy_portfolios/pdf/chapter1.pdf

Ministry of Education, N.Z. (2011). *Digital Portfolios Guidelines for Beginners.* Wellington: New Zealand.

Pintrich, P. R. (2002). The Role of Metacognitive Knowledge in Learning, Teaching, and Assessing. *THEORY INTO PRACTICE, Vol 41(4)*, 219-225.

付録 1

学習者が振り返るためのポートフォリオ例

	1. Pre-Reading 活動	2. While-Reading 活動	3. Post-Reading 活動	自由記述欄
①学習理解／学習の振り返り		2 − 1 2 − 2 2 − 3 2 − 4 2 − 5 2 − 6		
②学習意欲				
③学習成果				

付録２

教師のための読解発達チェックリスト例

```
生徒氏名 _____    年度 _____
担当教師 _____    学年 _____
```

　この読解発達チェックリストは、教師の観察による児童・生徒の読解の状況である。この記録は年に３回、各学期末に行うものとする。ただし、年２学期制の学校では、学校暦により適切な間隔を置いて年３回実施するものとする。チェックリストの各項目は５段階（５～１）で評価するものとする。

　読　解　活　動
A．読解への入り口
　1．他の生徒の話を聞く
　2．学級の話し合いに積極的に参加する
　3．いつも宿題を完成させる
　4．要求された宿題より多く読む

B．読解中の確認
　5．文字の特徴を明らかにする
　6．テキストから語句の意味を明らかにする
　7．物語の構成要素を明らかにする（人物、場面、問題＜事件＞、解決）
　8．文字レベルの理解ができる（細部や事実関係）
　9．解釈レベルの理解ができる（中心的意味、推測、関係、予想）
　10．批評的レベルの理解ができる（判断、テキスト内の事実から主張を支持する）

C．読解の正確さ
　11．スムーズで正確な読み
　12．自分の間違いを訂正する

D．読解の応用
　13．作品についての考えをまとめる（ブレーンストーミング、ネットサーチング）
　14．作品について効果的に書く（レポート、記録、物語、詩歌）
　15．作品について効果的に話す（クラスでの協議、スピーチ、ドラマ化）

Kuperschmid, C., & Cerulli, S. (n.d.). *Using a Literacy Portfolio in a Third-Grade Class.* Retrieved August 10, 2017 from http://www.prenhall.com/literacy_portfolios/pdf/chapter 1 .pdf
なお、上記のチェックリスト項目は、著者が和訳したものであることをお断りしておく。

幼児期における語彙習得の重要性

1995年度に行われた米国の調査（Hart & Risley, 1995）で、家庭環境と子どもの語彙習得の関係について驚異的な報告がなされた。上流家庭の子どもは三歳までに1時間につき総語数で310語（異語数で297；以下同じ）を経験するが、中流家庭の子どもは223 (216) 語、下層社会の子どもは上流家庭の約半分の168 (149) 語であった。また、子どもの経験する語彙の86－98％は親の語彙と同じであった。

　さらに、4年間で上流家庭の子どもが延べ4千5百万語の経験をするが、中流の子どもは2千6百万語、下流家庭の子どもは1千3百万語を経験するという。この論文に対する批判もあるが（Nation, 2016など）、連合王国 (UK) でも米国の調査に似た報告がある (DCSF, 2008)。例えば、小学校1年児の語彙習得レベルを四分位数 (quartile) で表せば、上側四分位数75に位置する上位の児童は7100の基本語を知っているが、下側四分位数25に位置する下位の児童は3000語であるという。換言すれば上位・下位の格差は3：1である。上位の児童は上流家庭の出身で、下位の生徒は下流家庭 (welfare) の出身である点も米国と同じ傾向である。これは幼児期の語彙習得の違いは能力によってではなく家庭環境によって決まることを意味することになり、幼児期における語彙習得の大きな問題を示していることに疑問の余地はない。近年、日本の英語教育は早期化の傾向にあるが、英語の語彙指導について現状のままでよいのか、真剣に検討すべきであろう。

　日本では人々が「士農工商」のいずれかの階級に分けられていた時代もあったが、太平洋戦争が終了し、民主主義の社会になってからは、貧富の差はあっても、社会階層というものをあまり意識しないで暮らしてきたのではないだろうか。日本経済のバブル期には多くの日本人が、自分も「一億総中流」の一人と信じていたかもしれない。しかし、近年、「社会格差」、「教育格差」という言葉と共に、日本社会の歪み（ひずみ）が問題になっている。

　認知論的研究では、経験というのは連続的に起こるもので、幼児期における子どもたちは、経験を「求め、気づき、関連づけ、型 (schemas)

にまとめる」ものとされている。3歳～7歳までに累積する経験の量は、その後の知的発達に大きな影響を及ぼすものである。8歳以降の読解力の差は語彙知識の量によって決まるという。そして、これは主として幼児期の家庭における学習機会の差に拠るもので能力の差ではないという(Becker, 1977)。

　上記の調査は、42軒の家庭（内訳：高収入家庭13、中流家庭10、低収入家庭13、生活保護家庭6）に毎月1時間の訪問を行い、1、2歳児（より正確に言えば5ヶ月～3歳）が言葉（英語）を覚えるとき、その家庭内では子どもの周囲でどのような言語行動が行われているのかをすべてテープに記録し、それを文書化して分析したものである。英語圏におけるこのような調査結果を、英語を外国語として学習している日本の児童・生徒に機械的に当てはめるわけにはいかない。しかし、日本の外国語の学習指導要領では、語彙数を制限することに重点を置いてきた傾向がある。そのため、教科書に載った単語が、「book＝本」と導入されると、いろいろな文脈で複数回使われることはまれで、「帳簿」、「脚本」、「記録」、「予約する」などの意味で使われる例はほとんどない。学習者にとっては効率の悪い語彙導入になっている。語彙がいろいろな文脈で導入あるいは使用されることは、語彙を豊かにする意味で重要なことである。

1　語彙習得と学習指導要領

　語彙は、複数の単語がコミュニケーションの目的のために結びつく時（つまり、文あるいは発話となって使われる時）、生きた意味を表すものである。したがって語彙の数や使用文脈を制限することはコミュニケーションの種類を狭めることになる。もちろん限られた授業時数で教えるのであるから、むやみに語彙数を増やすことはできない。しかし、多様な語彙を与えるほうがコミュニケーション活動の幅を広げることに役立

つのであるから、絵を活用したり、語彙のグループ（例：天候、食事、季節など）や関連性（例：形容詞＋名詞；動詞＋副詞；前置詞＋名詞など）を生かして児童・生徒に多様な語彙を与えることを考慮すべきである。

　語彙学習の評価のために、使用頻度数などを参考に必修語彙を定めることはある程度必要であろう。しかし、普段の言語活動のためには、その場の状況やニーズに応じて未習の語彙を使うこともあってよいのではないか。もちろん、その難易度や語数について教師の分別は必須である。また、教科書に出てくる単語を4技能すべてにおいて評価の対象にする必要もない。単語によっては主として speaking で使用され、writing で使用されることは稀なケースもあるので、*Dictionary of Contemporary English* (Longman, 2009) では、speaking で使用頻度の高い単語の見出しは赤字で印刷され、その頻度を S1, S2, S3で示している。これは one of the 1000 / 2000 / 3000 most common words in spoken English ということを示している。同じように writing でより多く使用される単語も赤字で印刷され、その頻度は w1, w2, w3で示されている。

　小学校学習指導要領（平成20年版）の「第4章　外国語活動」によると、内容については「1．外国語を用いて積極的にコミュニケーションを図る」ことと「2．日本と外国の言語や文化について体験的に理解を深める」ことになっている。2の内容の指導については、「指導内容が必要以上に細部にわたったり、形式的になったりしないようにすること」という注意が付記されているだけで、語彙数については特に明示されていない。

　聞く・話す・読む・書く英語に対して、ターゲットとする英文の語彙カバー率を95％達成するには7,000～8,000語が必要であるという（中條・竹蓋：1994）。そこで、目標とする学習語彙数を8,000語とし、各教育段階で指導する語彙数について次のページの表が作成されている（西垣、2009）。

表1　目標語彙数とその累積

学校教育段階	目標語彙数	累積語彙数
小学校	500	500
中学校	1,000	1,500
高等学校	2,000	3,500
大学・教養	1,500	5,000
大学・専門	1,500	6,500
大学院・社会人	1,500	8,000

　問題は目標語彙8,000語を生徒にどのように学ばせ、教師はその学習をいかに助けるかということである。生徒が自主的に学び、英語力を自ら発展させるために何が必要なのか。

2　Active Learning と語彙習得

　Active Learning は、提案者 (R. W. Revans) の最初の命名では action learning であった (Revans, 1981)。その定義は下記の通りである。

　　"To know what action learning is, one must have been responsibly involved in it; since this cannot have been done merely by reading about action learning."

　　（アクション・ラーニングの何たるかを知るには、責任を持ってそれに参加しなければならない。アクション・ラーニングについて読むだけでは理解できない。）〈以後、active learning と呼ぶことにする〉

　学習を active learning にするには、できるだけいろいろな感覚を活用する必要があるが、使う感覚によって効率が異なることに留意すべきである。次のページの表で Glasser の「選択理論」(choice theory) について考えてみよう。

William Glasser (1925-2013) は、Reality Therapy と Choice Theory で知られている世界的な精神科医である。彼の作成した下の表は、学習過程で使用した学習活動とその結果としてどれだけ記憶に留まっているか（把持率）を図式化したものである。ここに引用したのは、学習を active なものにするには、いろいろな知覚・感覚器官を活用して多様な学習経験をすることが不可欠であることを示している。

Blaz (1999) は Glasser's Learning Scale を活用した Dale (1946) の The Cone of Learning には次のように書いている。

We Learn ...
 10% of What We Read
 20% of What We Hear
 30% of What We See
 50% of What We Both See and Hear
 70% of What Is Discussed with Others
 80% of What We Experience Personally
 90% of What We *Teach* to Someone Else

 From **Cone of Learning** adapted from Edgar Dale (1946)

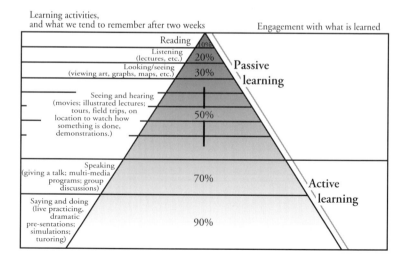

前記のスケールでは、いろいろな学習活動を能動、受動に大別し、各活動の記憶把持率を述べている。語彙 (vocabulary) 学習で何を学ぶか、活動の記憶把持率を参考に四技能について考えてみよう。

3　語彙 (vocabulary) 学習で何を学か

　従来の外国語教育においては、言語の内容を単語、文型・文法に分け、それらを4技能ではどのように用いられるかという視点でカリキュラムを構成していた。そして「語彙 (vocabulary) と単語 (word) はどう違うのか」と問われると、語彙は the words of a language であるという簡潔過ぎて曖昧な定義で終わっていた。

　しかし、apple（リンゴ）という1語を取り上げても、apple、apple green、apple pie、apple-pie order（秩序整然）、applehead（まぬけ）...と多様な表現を構成しているので、文脈によっては apple ＝ リンゴと簡単に割り切れない場合がある。

　Word は form（形）、meaning（意味）、use（用法）の面から見ることができる。意味には concept（概念）と概念が指し示すものに加えて、特定の語や表現から人が連想するものも含む。Form には発音 (spoken form)、綴り (written form) と語の一部 (root, prefix, suffix) がある。

　このように語彙習得にはさまざまな面があるので、Nation (2001) は次のような表を作成して、形式、意味、用法の識別法について簡潔に説明している。

表2

相（英語の場合は完了か進行中）	要 素	受容的知識	生産的知識
形 式	話しことば	その語はどのように聞こえるか？	その語はどのように発音されるか？
	書きことば	その語はどのように見えるか？	その語はどのように書かれるか（綴るか）？
	語の部分		その意味を表すにはその語のどの部分が必要か？
意 味	形式と意味	この語のどの部分がその意味を表しているか？	この意味を表すにはどの語形が用いられるか？
	概念と指示物	この概念には何が含まれているか？	その概念はどの項目を指すか？
	連 想 物	これは他にどんな語を連想させるか	この語の他にどんな語を使うことができか？
用 法	文法的機能	この語はどんな文型で使われるか？	この語はどんな文型で使わなければならないか？
	連語（関係）	この語はどんな語あるいは語型と一緒に使われるか？	この語はどんな語あるいは語型で使わなければならないか？
	使用上の制約・制限	人々はこの語をどこで、いつ、どれくらいの頻度で使うだろうか？	この語はどこで、いつ、どれくらいの頻度で使うことができるか？

この表は著者が Nation (2001) を和訳したものである。

4 語彙の役割を見分ける

(1) 意味を知るには：
　・形（綴り）と意味の関係を知る：

辞書、教科書、教科書の索引を活用する。
・形（音声）と意味の関係を知る：
教師の発音、CD、DVD を活用する。
・既習の同意語で新語の意味を知る：
英語を学ぶ外国人あるいは年少者が使用する辞書を活用する。
・実物や写真で綴りと音声の関係を知る：
実物を音声や写真と一緒に示すか、綴りを見せて音声を聞かせる。
・単純な絵・図で示す：
絵本や教科書の挿絵を見せながら音読したり発音したりする。
教科書附属の CD や DVD を活用する。
・単語を構成部分に分け、部分と全体の意味を示す：
派生語、変化型を見せながら発音したり意味を伝えたりする。
・基本的意味やその指示物に触れる：
動作や実物を示しながらその意味を教える。

(2) 語彙の形式を知るには：
・形式を理解しているかを綴りで示す：
文脈から判断して、複数、時制などを正しい語型で示す。
・強勢のパターンと発音を示す：
語の音節による強勢の違いや文脈における強勢の違いを正しく繰り返し発音する。
・語を形成している接頭辞、接尾辞、語根を示す：
黒板に書いたり、音読したり、dictation を行う。併せて辞書の引き方見方を教える。

(3) 語彙の用法を知るには：
・語が使われる類型（加算・不加算、自動詞・他動詞など）を示す：
語と時制や代名詞との関連を示す。
・類似の連語を示す：

determine を教える時、ほぼ同じ意味の連語 (例 make a decision) を例示する。

(Nation, 2001に筆者が例を加えた)

5 語彙の増やし方

　語彙を増やすためには分単位の短い時間を小まめに活用することである。その時、次の事項に留意する：
・単語を読み、その意味を理解したら、繰り返し発音してノートに書いてみる。
・Integrative test（統合テスト）、discrete-point test（分離テスト）などの評価法で語彙力の確認を行う：
　言語は様々な要素から成り立っているので、小さな要素を単位に学ぶことも評価することもできるという考え方（discrete-point test）がある。ただし、このアプローチには、近年、疑問視する声もある。
・関連する単語を一緒に覚える：
　例えば a balanced *meal*, a cold *meal*; black (white, hot, iced) *coffee*、など。
・関連する語句（例：同意語 , 反意語）をと一緒に覚える：
　huge, large; small, tiny
　cloudy, rainy, snowy
　spring, summer, autumn (fall), winter
　breakfast, lunch, dinner
　など。

まとめ
　幼少時の語彙習得がその後の読みの学力に大きな影響を及ぼす。母語の場合と外国語の場合とではまったく同じように扱うことはできない場合もあるが、絵本、DVD、IT機器などを活用して、できるだけ多くの

語彙を児童・生徒の目と耳にインプットして、長期記憶に収まるまで間を置いて繰り返すことは非常に重要である。人型ロボットに語彙、文法の例文、storytellingなどを必要に応じて絵も活用して、児童・生徒に聞かせるようにしてはどうか。

参考文献

中條清美・竹蓋幸生.（1994）.「現代英語のキーワード『プラスα2000』―定義と効果の検証―」千葉大学教育実践研究. 第1号、39-51.

西垣知佳子（2009）小・中・高・大の語彙指導の連携を考える『英語通信』No.46.

Becker, W. C. (1977). Teaching Reading and Language to the Disadvantaged-What We Have Learned from Field Research. *Harvard Educational Review, 47(4),* 518-543.

Blaz, D. (1999). *Foreign Language Teacher's Guide to Active Learning.* New York: Routledge.

Dale, E. (1946). The Cone of Experience.
Retrieved February 7, 2017 from https://en.wikipedia.org/wiki/Edgar_Dale

Department for children, schools and families (DCSF). (2008). *Teaching effective vocabulary.*
Retrieved November 14, 2016 from www.teachernet.gov.uk/publications

Hart, B., & Risley, T. (1995). *Meaningful differences in the everyday experience of young American children.* Baltimore: Paul H. Brookes Publishing.

Hart, B., & Risley, T. R. (2003). *The Early Catastrophe.* American Educator. Spring 2003.

Nation, I. S. P. (2001). *Learning Vocabulary in Another Language.* Cambridge: Cambridge University Press.

Nation, I. S. P. (2016). Retrieved November 12, 2016 from
http://psycnet.apa.org/psycinfo/1995-98021-000

Nation, I. S. P. (2009). *Teaching ESL/EFL Reading and Writing.* New York: Routledge.

Nation, P. (2016). Teaching Vocabulary. *Asian EFL Journal.* Clevedon: Multilingual Matters.

Revans, R.W. (1981). The nature of action learning. O*mega,* Vol. 9, Issue 1. Retrieved November 18, 2016 from doi: 10. 1016/0305-0483 (81) 90061-X

Study Guides and Strategies. Retrieved November 19, 2016 from Studygs.net/langlearn.html

第4章

絵本活用とStorytelling（鶴の恩返し）

1 絵本教材の活用

　中央教育審議会教育課程企画部会の「論点整理」（平成27年 8 月27日）には、小学校中学年（3、4 年）の外国語活動の内容に関して、次のように述べられている。

　　「（小学校）中学年からは、外国語学習への動機付けを高めるため、体験的に「聞く」「話す」を中心とした外国語活動を通じて、言語や文化についての体験的理解や、音声等への慣れ親しみ等を発達段階に適した形で養うとともに、指導内容・方法や活動の設定、教材の工夫、他教科等で児童が学習したことを活用するなどの工夫により、指導の効果を高めることが必要である。」

　上記の提言は、一見もっともな指摘のように思われる。しかし問題となるのは、中学年の英語授業時数（年間35時間）の授業でどの程度まで指導の効果を高めることができるか、ということであろう。「聞く」「話す」は音声中心の活動である。音声中心の活動であっても、聞く・話す能力を習得するには、語彙の他に最小限度の文法や文型 (syntax) も必要である。35時間の年間指導計画は、ベテラン教師を交えた会議で慎重な討議を経て作成すべきである。「目標を達成するためには、児童や地域の実態に応じて、学年ごとの目標を適切に定め、2 学年間を通して外国語活動の目標の実現を図るようにすること」になっている。「内容」は 2 領域（各 3 項目）であるが、語彙、文法、文型という分類で書かれているわけではない。しかし、目標とする活動を実施できるようになるためには、前記のように語彙も文法も文型もある程度習得する必要がある。

　そこで発想を変えて、日本の児童が慣れ親しんでいる日本の民話、伝説などを平易な英文に訳したものを活用してみるという方法を考えてみ

よう。幼児の時に受けた読み聞かせの経験には個人差があるが、9割以上の幼児が経験的に知っている昔話も少なくない。それらを活用すれば、児童は内容や話の順序を学び直す必要はないので、音声に集中することができる。英語圏では Storytelling として幼児から成人まで、いろいろな形で親しまれていることを日本の民話等を活用して実践するのである。

　文部科学省作成の「Hi, friends! 2 指導編」（平成24年度配布）では絵本教材の活用を薦めている。もちろん英語で書かれた絵本である。そこでは「絵本の絵から情報を読み取り状況を理解しながら児童は相手の話を聞くことになるため聞いてわかる体験をさせやすい」と記されている。しかし、そんなに簡単なものであろうか。絵本の絵に関する情報が非常に単純なものであれば理解もある程度可能であろうが、小学校中学年の児童でも認知レベルはかなり高いので、あまり幼稚な内容では教材として不適切である。さらに、「Hi, friends! 2 指導編」に記されているように、「現実には起こり得ないことを絵本の世界で体験したり」、「生きていく知恵や教訓的なこと」を学ぶことができると示唆している。しかし、その2例とも音声中心だけでそこまで理解させることは必ずしも容易ではない。

2　Storytelling と民話

　Storytelling を日本で一番大きな英和辞典で引くと（平成28年度の時点）、「1．物語を話す（こと）、物語の話術；2．嘘をつく（こと）」という2つの説明があるだけである。これでは storytelling の正しいイメージが伝わらない。Storytelling（語り）とは何か。日本の民話の聞き語りとどう違うのだろうか。

　Storytelling は、その内容や形式に違いはあっても、世界中で行われている。本稿では主として英語圏と日本における民話や伝説などを「語る」場合を述べる。細部において違いはあっても、storytelling と日本の

「民話」の読み聞かせには、共通することも少なくない。英語圏ではfairy tales, folk tales, myths, legends などが、日本の民話や伝説に対応するものとして存在することを理解しておきたい。

　各国の地区、季節などによって多様な storytelling（読み聞かせ）の大会が開催されている（本章では主として英語圏の大会とする）。Storytelling の口演者、創作者は語りのセンター、ギルド（同種職業団体）等の組織を形成し、相互研修、発表会、講習会等で指導や研修を行っている。日本でも、柳田国男が岩手県遠野地方に語り伝えられている民話・伝説を「遠野物語」として出版してから100年が過ぎ、その間、全国の民話・伝説などが収集・整理され、その原典、研究書などが317巻の資料となって国立国会図書館に保存されている。

　Storytelling は、かなり古くから存在する一種の「教育」である。世界の多くの文化圏で、信条、伝統、歴史を伝える方法として語りを用いてきた (Hamilton & Weiss 2005)。また、storytelling は「L1（ジェスチャーとスピーチ）と L2 (writing) を繋ぐ橋である」と教えている (Davis, 2005)。（一言註を付ければ、上記の L1 および L2 は first language や second language のことではない。）

　スコットランドでは storytelling を通して子どもたちに次のように教えている。

・storytelling は好奇心を起こす。物語で次に何が起きるか知りたいからである。
・storytelling は心を広くする。物語から他人の経験を知り、人の心を理解できるようになるからである。
・storytelling は想像を駆り立てる。過去の出来事を知り未来の出来事を想像するからである。
・storytelling は問題解決力を培う。問題を違う視点から考えさせるからである。

　日本には各地に多くの民話が残っている。民衆の生活の中から生まれ、

民衆によって口承されてきたもので、前記のように明治以降になって柳田国男が岩手県の民話を『遠野物語』としてまとめたものが民話研究の嚆矢となっている。現在、未来社から、日本各地の民話が別巻を含めて79巻刊行されている。近年、ICT の発達・普及により、各地の民話が整理され、本や CD (DVD) に整理されているので、入手するのに大変便利になった。その影響もあって、民話好きの人々が民話同好会を作り、自分たちも「語り方」を学び、その発表会を開いたりするようになった。また、民話が世代を越えて残るように、子どもたちに民話を読み聞かせ、子どもたちも民話を語ることができるように練習する機会を設けている地区もある。大昔の語り部は語りの専門職として活動したが、現在では研修と練習によって語り部としての技能を習得する人が増えている。このような動きは素晴らしいことであり、今後、もっと組織的に民話を教育の中に取り入れることによって、子どもたちの情操も深まり、新しい「語り」を生み出す素養が生まれることであろう。

3 外国の Storytelling

　2018年は十二支で言えば戌（いぬ）の年にあたるので、子供たちが喜ぶような犬の物語はないかなと思いながら、西洋と日本の昔話の世界をのぞいてみた。ただし、著者が多少読んでいるのは主に英語圏の昔話である。英語圏では民話もあるが、現代では語りを中心としたストーリーテリングの方が盛んである。

　英語圏は英国、米国、カナダ、オーストラリア、ニュージーランド、アイルランド等である。歴史的に見れば、いろいろな国から移民として移ってきた人々が原住民より多いのが特徴である。その結果、原住民の昔話より移民が持ち込んだ昔話の方が多い。しかし、それらを含めて自分たちの民話として語り伝えているのが、各国の現状である。

　英語圏には昔から語り伝えられている話の他に、新たに創作された話

が非常に多いのが最近の特徴である。言わば「現代の語り」である。例として「ビジネス界の語り」を取り上げてみよう。多くの会社が厳しい競争の中で、日々、商品の売り上げや説明にかなりの時間とエネルギーを費やしている。また、社内では、新商品の開発やその経過報告などを上層部に「伝達」し商品化の許可を得なければならない。つまり説得力のある「語り」が重要である。

　このような傾向はビジネス界だけに限らない。教育界においても「語り」は重要な要素であり、教育の基本になっている。大きな組織だけでなく、個人営業においても同様である。犬の物語で有名な英国のジェームズ・ヘリオットは獣医師として社会に出た。犬が大好きで、獣医師になろうと決めたとき、「犬専門の獣医師になりたいと思った」と自分の本に書いている。「好きこそ物の上手なれ」でしょうか、『ジェームズ・ヘリオットの大好きな犬物語』の売れ行きは100万部を超えている。

4 Storytelling の効果

　学校の英語の学習に storytelling を応用すると、どのような効果が表れるであろうか。生徒が子どもの頃に聞き慣れた日本の昔話を英語で聞き、その英語を目で追いながら音声と文字との関係に導入される。それが読む力へと発展し、それに伴って少しずつ書く力もついてくる。これが昔話の英訳を活用した授業過程の大まかな流れである。

　昔話の英訳に耳を傾けることは、どんな能力を生み出すのであろうか (Dujmovic, 2006)。
・児童は物語を聞きながら様々なこと想像する。
・物語を複数回聞くことによって聴解能力が向上する。
・習慣的に物語に触れることによって、ことば、読書、創作への関心が生まれる。
・物語に耳を傾けることによって、語彙力が増え、理解力が増し、文

章・談話の流れ (discourse) を理解することができるようになる。
- お話には一定の順序や型があることを理解し、物語を想起する場合のヒントが身につく (ibidem)。
- 聴衆を前にして話をする自信ができて、児童の自尊心が高まる。
- 言語表現（特にオーラル・コミュニケーション）の技能が高まり、創造的思考を活性化する。
- 現実と仮想を区別できるようになる。
- 人前で読み聞かせを行うことにより自信も生まれ人間として成長する。

　スコットランドでは storytelling を通して子どもたちに次のように教えている（1-4 は TRACS, 2017）。
　Storytelling は、
1. 好奇心を起こす。物語で次に何が起きるか知りたいからである。
2. 心を広くする。物語から他人の経験を知り、人の心を理解できるようになるからである。
3. 想像を駆り立てる。過去の出来事を知り未来の出来事を想像するからである。
4. 問題解決力を培う。問題を違う視点から考えさせるからである。
　また、英国放送協会 (BBC: British Broadcasting Corporation) は、その URL で下記のように述べている。
5. 子どものものの見方を形成する。子どもの小さな世界では経験できないことを物語の世界で経験できるからである。
6. 実社会で遭遇する問題の解決に役立つ。物語を読む時に経験する脳活動が実社会の場面に似ているからである。
7. 他人の行動や感情の理解に役立つ。物語の世界で登場人物の感情や行動に出会い、一種のシミュレーションができているからである。
8. 世代、時代、地域を超えた基準・価値観を伝えることができる。物語には特定の社会の基準、価値観、文化があるからである。

前記のように、物語を聞き・語ることは、単に言語教育だけの一面ではなく、まさに人間を育てるものである。もちろんそう簡単にできることではない。「聞いて、理解して、それを再生する」ことができるようになるまで何回も反復練習をする必要がある。聴衆を前にして語るためには stage fright（あがること）も克服しないといけない。さらに「再生」することは単に音声で復元するだけではない。語りにおける再生は自分の解釈や思いを重ねて行うものである。

　Storytelling は、多くの人といろいろな情報を分かち合うのに適している。しかし情報伝達の手段は他にもいくつか存在するので、ここで整理して考えてみよう。

・物語には特定の社会の基準、価値観、文化があるので、それを語ることによって世代、時代、地域を超えた基準・価値観を伝えることができる。その結果、聴衆は自分の国・地域の価値観に影響を受けることがある。

・物語をすることによって話者と視聴者の間に高度に文脈化された知識が共有される。

・物語にはわれわれの心や情緒を引きつける力がある。それは一般的な人間感情とは異なる次元のことが描かれていることがあるからである。また、時代や文化圏が違えば、世の中の約束事も違うことがあるからである。

5 実例を用いた授業展開

　山形県南陽市には歴史の流れとともに、数多くの伝説が残されている。その一つが「鶴の恩返し」である。市内の鶴布珍蔵寺は寛正元年（1461年）に開山されたと伝えられており、その縁起は文化元年（江戸時代1803年）に作られた『鶴城地名選』に記されている。寺の名前の「鶴布」は、鶴が恩返しに羽根で織った布に、そして「珍蔵」は鶴を助けた

民話の主人公の名前に由来していると書かれている。そのような歴史にちなみ、現在, 同市には資料館と語り部の館から成る「夕鶴の里」が設置されて、民話の語りや民話に関する研究・研修が行われている。

鶴の恩返し　The Crane Gives Back.

　この民話は全体を教科書に入れるには長すぎるので、①〜⑨までの9節に分けて、各節で指導のポイントを決めて扱うことにする（指導ポイントは五十音順（ア〜コ）で示すことにする）。

Once upon a time, a poor young man lived in a little house in the mountains. His parents were both dead now, and the young man was very lonely. Each day he walked through the forest and collected wood. He sold the wood in the nearest town, and made just enough money to get by.

　最初のページに主な登場人物の一人である若者が導入される。その中心になっているのは波線でマークした文である。上記の段落を短くして教材に使う場合は、波線の1文だけで足りる。小学校の英語教材として長すぎる場合は、物語の場面ごとに短縮することも必要である。

ア．導入時の活動

　上記の段落に関して Where did he live? と質問すると、児童は A: He lived in a little house. か、B: He lived in the mountains と答えるであろう。Aの場合、Where was the little house? と質問してみよう。It was in the mountains. という答えが出たら大いにほめてあげて、A young man lived in a little house in the mountains. とテキストの該当部分を再読してあげよう。

　次の段落を聞いて、who（誰が）when（いつ）where（どこで）what（何を）したのか、またその理由 (why) を日本語で言ってみよう。

　It was a morning in early winter. The young man was walking through the snowy woods, when he heard something strange. It sounded like a cry of pain. He followed the sound until he discovered a beautiful white crane. She was lying in the snow, with an arrow through her wing.

"You poor thing!" the young man said. "Who did this to you?!

He held the crane in his arms and gently pulled the arrow out. Then he cleaned her wing, set her down in the snow, and stepped back. The crane spread her wings and rose up into the air. She circled above the young man once, cried out, and flew off into the clouds.

「若者が矢で射られた白鳥を見つけ、矢を抜いて助けてあげる場面である。」ここも簡潔に書けば下記のようになる。

One morning in early winter, the young man was walking in the woods and discovered a white crane with an arrow through her wing. He gently pulled it, and set her down in the snow. She rose up in the air, and flew off into the clouds.

イ．次の段落はどんな場面であるか。

① Late that night, the young man was sitting by his fire at home. Outside, the weather was very bad. The sky was white with snow, and a strong wind was blowing. Suddenly there was a knock at the door. When the young man opened it, he was very surprised. A beautiful young woman was standing on the front step.

Outsideで始まる文と The sky ... a strong wind was blowingという文は、意味が部分的に重複しているので、その2文を除くと、深夜の来訪者に若者が驚く場面となる。

ウ．訪問客と若者のやりとりを対話文にしてみよう。

Woman: "I have lost my way. May I spend the night here?"

Man: "Of course! Please come in and sit by the fire."

Woman: "Thank you so much. You're very kind."

Man: "You're most welcome. Please stay as long as you like."

② In fact the bad weather continued, and the woman stayed for many days. She helped with the cleaning and cooking, and she was very good company for the young man. He often thought how sad he would be when she left. But then, one morning, she came to him and said: "Please take me as your wife."

The young man's face turned bright red.

"I'm a poor man," he said. "I can't give you a good life."

"I don't care if you're poor," she told him, "as long as we can be together."

And so they married.

エ．登場人物の心理と文章構造

He often thought: "How sad I would be when you leave!"

このように思っている若者が、ある朝、「私を嫁にして下さい」と言われたら、喜びで顔が紅潮するのはきわめて自然な反応であろう。

But then, one morning, she came to him and said: "Please take me as your wife." The young man's face turned bright red.

次の1行は、前半が後半の理由あるいは原因となっている。

"I'm a poor man," he said. "I can't give you a good life."

しかし、次の1行は、後半「一緒に暮らせるなら」が前半「貧しくても構わない」を保障する形になっている。

"I don't care if you're poor," she told him, "as long as we can be together." And so they married.

③ They were very happy as man and wife. But it was a long, cold winter. Now New Year's holiday was coming, and they had no money and very little food. One day, the young man told his wife that he was worried.

"How will we eat?" he said.

His wife thought for a while before speaking.

"There is an old loom in the little room in back," she said.

"Yes," he said. "It was my mother's."

"I want to use it to weave some cloth," she told him. "But you must promise one thing. Never look into that room when I'm weaving. This is very important."

オ．Dramatization: 女優の山本安英さんは舞台『夕鶴』で主役の「つう」を37年間、1037回にわたって演じた。南陽市（山形県）「夕鶴の里」の資料に準じて、若者を金蔵、嫁さんは『夕鶴』の「つう」の名前でドラマ化する練習をしてみよう。

Kinzo: New Year's holiday is coming soon. But we have no money and very little food.

Tsuu: There is an old loom in the little room in back.

Kinzo: Yes. My mother used it.

Tsuu: I want to use it to weave some cloth.

Kinzo: That's a good idea.

Tsuu: But you must promise me one thing.

Kinzo: What kind of promise?

Tsuu: Never look into that room when I'm weaving.

カ．But の使い方 (1)

第④節 (P.61) には but が3回使われている（波線部参照）。日本の英語教育で1年目から出てくる but は、英語圏でも使用頻度の高い基本的な語で、違いのある二つの意見や表現をつなぐ場合に用いられる（例　Mom liked the food, but Dad hated it.）

最初の but は、第④節で "Never look into the room." と言われたこ

とを「何でだろう・変だな」(strange) と思ったが、「(見ないと) 約束してしまった」から三日間見なかった。しかし、織機の音は聞こえていた。三日目の晩、疲れてやつれた様子で織り室から出てきたが、笑顔を浮かべて白布3本を夫に手渡した。

④　The young man thought this strange, but he gave her his word. His wife went into the little room and closed the door. And there she stayed for the next three days. The young man didn't see her in all that time, but he heard the sound of the loom day and night.

　　On the third night, his wife finally stepped out of the room. She looked weak and tired. But she smiled as she handed him three rolls of white cloth.

　　"Please take this to town and sell it," she said.

キ．慣用句の指導（⑤節の波線部）

　　As fine and soft as the light of the moon 月明かりのようにきめ細かく柔らかい

　　Thanks to you あなたのお陰で

　　As soon as you can できるだけ早く

⑤　It was very beautiful cloth---as fine and soft as the light of the moon. The next day, her husband carries the roles straight to the house of the town's richest man. And that night he came home with three big bags full of rice.

　　"My dear wife!" he said, "Thanks to you, we'll get through the winter. And the rich man wants to buy more! Please weave more cloth as soon as you can! Think of the money we can get for it!"

ク．But の使い方（⑥節の波線部）

　　・〜最初は何も言わなかったが (〜 at first)、それから (But then) 悲し

第4章　絵本活用と Storytelling（鶴の恩返し）

そうに笑った
・「すぐ織り始めます。しかし忘れないで（のぞかないという約束を）
・織機の音は聞こえていたが、今夜は音が違っていた。

⑥　　His wife said nothing at first. But then she smiled sadly.

　　"Of course. I'll begin right away," she said and walked to the door of the little room in back. "But please remember. You must never look in when I'm weaving..."

　　All that night and all the next day, the young man heard the sound of the loom. But the sound was different this time. It was slower, and heavier. He began to worry about his wife. And then, late in the evening, he heard another sound, like a cry of pain. Promise or no promise, he had to look into the room.

ケ．Q & A in English
　　下の⑦節を1〜2度聞かせてから、下記のような質問をしてみる。
・What did Kinzo see in the weaving room? (He saw a white crane.)
・How did the crane look? (She looked ill and weak.)
・What did she use to weave the cloth? (She used her feathers.)
・When she saw Kinzo, what did she do? (She let out a sad cry.)
・What happened right before his eyes? (She turned back into his beautiful wife.)
・Why did she weave the cloth? (Because she wanted to give back for his help.)

⑦　　But what a shock he got when he opened the door! His wife wasn't there, but a white crane was sitting at the loom. The crane looked ill and weak, and many of her feathers were gone. When she looked up and saw the young man, she let out a sad cry. And then, right before his eyes, she turned back into his beautiful wife.

　　The young man couldn't even speak.

"You ..." he said. "You're ..."

"Yes," said his wife. "I'm the crane, You saved my life that day, and I wanted to give back. I wanted to help you in return. So I became human ... I was happy as your wife, and I learned to love you very much. When you said you needed money for food, I used my feathers to weave the cloth. But then you wanted more money ..."

コ．最後の⑧節を聞いて（あるいは読んで）、どんな教訓を得ましたか？

⑧　"My dear wife!" cried the young man. "I didn't know! If I---."

"My hope was to stay with you forever," his wife said. "But now that you know my secret, it is not to be. I must leave you."

"No!" The young man followed his wife to the front door. "Please don't leave! I don't need money! I only want you!"

His wife stepped outside and turned to look at him sadly.

"I'm sorry," she said. "It is not to be."

And then, right before his eyes, she turned back into a white crane.

The crane spread her wings and rose up into the air. She circled once in the sky above the young man and let out another sad cry. Then she flew off into the clouds, and he never saw her again. (Valentine, C., 2015)

6　テキストの語彙分析

　日本の英語教科書に慣れた教師あるいは児童・生徒にとって、本章で扱ったテキストは難しいと感じるかもしれない。しかし、客観的に見て本当に難しいのでしょうか。一般的に英語の文章の難しさは、語彙の難しさ、文構造の複雑さに加えて内容の難しさがあるだろう。この『鶴の恩返し』(The Crane Gives Back) は、上記三点において本当に難しいのか、

まず、語彙から検討してみよう。

表1　使用頻度1～10位までの語

Order	Unfiltered word count	Occurrences	Percentage
1	the	76	6.696
2	and	42	3.7004
3	he	28	2.467
4	she	27	2.3789
5	i	25	2.2026
6	man	25	2.2026
7	you	25	2.2026
8	to	22	1.9383
9	was	22	1.9383
10	young	21	1.8502

使用頻度1～10位までの語には、定冠詞の the、代名詞 (he, she, I（表では i), you)、名詞 (man)、形容詞 (young)、動詞 (was)、前置詞 (to) である。いずれも平易な単語ばかりである。

表2　使用頻度11～20位までの語

11	a	20	1.7621
12	said	20	1.7621
13	his	18	1.5859
14	wife	18	1.5859
15	in	17	1.4978
16	as	15	1.3216
17	of	14	1.2335
18	but	14	1.2335
19	her	14	1.2335
20	it	12	1.0573

使用頻度11～20位までの語には say の過去形が入っているが、それ以

外は綴りも意味も短く単純なものである。

表3　使用頻度 21〜30位までの語

21	t*	10	0.8811
22	very	10	0.8811
23	then	9	0.793
24	crane	9	0.793
25	into	9	0.793
26	my	8	0.7048
27	that	8	0.7048
28	when	8	0.7048
29	please	8	0.7048
30	back	7	0.6167

t* は don't や can't などの t である。

　Crane は鶴の他に起重機や映画撮影用クレーンなどの意味もあるが、『鶴の恩返し』では「鶴」以外の意味に誤解されることはないであろう。Crane 以外の語の中では、then や back は文脈によって多少異なる意味になることもあるが、概して平易なものだけである。

表4　題材の総合分析

Words	1134
Characters (including spaces)	5712
Characters (without spaces)	4495

Extra Word Count Statistics

Syllables	1480
Sentences	150
Unique Words	344 **(30%)**
Average Word Length (character)	4
Average Sentence Length (word)	7.6
Monosyllabic Words (1 syllable)	838
Polysyllabic Words (≥3 syllables)	45

Syllables per word	1.3
Paragraphs	51
Difficult Words	127 *(11%)*

表5　Length Statistics

Short Words (<=3 characters)	554 *(49%)*
Long Words (>=7 characters)	91 *(8%)*
Longest sentence (by number of characters)	
91 characters, 17 words: The next day, her husband carries the roles straight to the house of the town's richest man	
Longest words (by number of characters)	
10 characters: discovered	
Longest words (by number of syllables)	
4 syllables: discovered, beautiful	

表6　Reading Time

Item	Time
Estimated Reading Time	6 min.
Estimated Speaking Time	10 min.

表7　Readability Statistics

Readability Formula	Grade
Dale-Chall Readability level	5-6th
Dale-Chall Readability Index	5.8
Automated Readability Index	6.1
Coleman-Liau Index	13.8
Flesch Reading Ease Score	88.7
Flesch-Kincaid Grade Level	2.8
Gunning Fog Index	4.6

　表7のFlesch-Kincaid Grade Levelは2.8になっている。日本流に言えば、小学校2年生の三学期頃になるが、アメリカ合衆国の小学校のことである。

表8　Top Keyword Density

Top 10　　　　　　　　　　　　　　Exclude grammar words
ON OFF ☑

① One Word	
1. man	23 *(2%)*
2. young	21 *(1.9%)*
3. wife	18 *(1.6%)*
4. said	16 *(1.4%)*
5. her	14 *(1.2%)*
6. very	10 *(0.9%)*
7. crane	9 *(0.8%)*
8. back	7 *(0.6%)*
9. poor	6 *(0.5%)*
10. day	6 *(0.5%)*
② Two Words	
1. the young	19 *(1.7%)*
2. young man	18 *(1.6%)*
3. his wife	10 *(0.9%)*
4. of the	7 *(0.6%)*
5. in the	7 *(0.6%)*
6. into the	6 *(0.5%)*
7. " she	6 *(0.5%)*
8. the crane	6 *(0.5%)*
9. " the	5 *(0.4%)*
10. was very	5 *(0.4%)*
③ Three words	
1. the young man	17 *(1.5%)*
2. " the young	5 *(0.4%)*
3. " she said	4 *(0.4%)*
4. as your wife	3 *(0.3%)*
5. young man was	3 *(0.3%)*
6. the little room	3 *(0.3%)*
7. " he said	3 *(0.3%)*
8. right before his	2 *(0.2%)*
9. then right before	2 *(0.2%)*
10. and then right	2 *(0.2%)*

※ " は closing quotation mark なので Three words としては例外と考える。

第4章　絵本活用と Storytelling（鶴の恩返し）

Keyword densityとは重要概念（語）の使用頻度のことで、①1語・②2語・③3語から成る各10語について、本章の「鶴の恩返し」における重要語を分析したものである。

参考文献
柳田国男（1993）「遠野物語・山の人生」岩波文庫.
柳田国男（1977）「日本の伝説」新潮文庫.
Agosto, D. E. (2013). *Storytelling, Self, Society.* Vol.9, No.1. Detroit: Wayne State University Press.
BBC. (2017). Why is storytelling important to children?
　Retrieved February 5, 2017 from http://www.bbc.co.uk/guides/zyvhpv4#zygfyrd
Davis, D. (2005). *Telling Your Own Stories (American Storytelling).* Atlanta: August House.
Dujmovic, M. (2006). Storytelling as a Method of EFL Teaching.
　Retrieved December 30, 2016 from http://www. hrcak.srce.hr/file/17682
Hamilton, M., & Weiss, M. (2005). *Children Tell Stories: Teaching and Using Storytelling in the Classroom* (Multimedia DVD included with the book).
Sole D., & Wilson D.G. (2016). Retrieved August 20, 2016 from
　http://www.providersedge.com/docs/km_articles/Storytelling_in_Organizations.pdf
TRACS (Traditional Arts and Culture Scotland) (2018).
　Retrieved February 4, 2017 from
　http://www.daretodream.scot/storytelling/creative-learning/
Valentine, C. (2015). *English Masterpieces: Long-ago Stories of Japan.* Tokyo: IBC Publishing, Inc.

第 5 章

Active Learning を指導にどう活かすか

日本の公文書では小学生を「児童」、中学生および高校生を「生徒」、大学生を学生と表記しているが、この章では「生徒」を広く「学習者」(learners) の意味で用いることにする。ただし、文脈によって「子どもたち」を使うこともある。

　Bonwell & Eison (1991) の *Active Learning: Creating Excitement in the Classroom* が ASHE-ERIC Higher Education Reports に入ってから25年になる。近年、Active Learning の考え方が日本でも試行されるようになった。刊行以来、四分の一世紀も経ってから日本で話題になっているのは何故だろう。1991年頃は IT 機器が2000年以降ほど普及していなかったせいか、それとも日本の教育界の関心が理論から実践に移ったからであろうか。

　Active learning（以後、AL と略記）を支える理念を簡潔に述べれば「生徒を積極的に授業活動に参加させ、自分たちがやっていることについて考えさせること」である。後半の波線部は表面的にはわかりやすいが、少し抽象的なので、生徒は授業中にどんな活動をすれば active になるのか、主なものを列挙してみよう (Bonwell & Eison, ibid.)。

AL の授業における指導法：
 a. 批判的あるいは創造的に考える。
 b. 相手〈小グループあるいはクラス全体〉と対話する。
 c. 情報伝達よりも生徒の学習技能を重視する。
 d. 書く活動を通して考えを表現する。
 e. 態度や価値観を調べる・読み取る。
 f. フィードバックをしたり受けたりする。
 g. 動機付けを高める。

　これらの活動は授業中でも授業外でもできるし、個人でもグループでもできる。また、教育機器を使っても使わなくてもできるものである。

1．「創造的に考える」

　The Little Match Girl『マッチ売りの少女』を教材として、前記 a の「創造的に考える」活動を試みてみよう。子どもたちにとって「創造的」に考えることは、最初、難しいであろう。教材として『マッチ売りの少女』を選んだのは、子どもたちをスムーズに創造的な思考に導入したいからである。

① It was New Year's Eve, and it was very cold outside.
② A strong, cold wind blew through the streets.
③ The houses and ground were covered in snow.
④ Everyone stayed indoors because it was too cold to go outside.

例題：「この4行からなる段落を読んで感じたことを自分の言葉でまとめて言ってみよう。」

ア．「風や雪で寒く、ほとんど人通りのない大みそかの夜の街」と表現すれば過不足なく客観的にまとめたことになる。
イ．「寒く寂しい大晦日の夜で外出したくない気持ち」と言えば、感情を中心にまとめたことになる。
ウ．「何か悪いことでも起こりそうな大晦日の晩だな」と言えば、上記4行からなる文章が引き起こす悪い予感ということになり、主観的ではあるが、文章が人間の心に引き起こす感情の例として否定はできない。

　上記の4行に続く次の4行を読んでみよう。
⑤ But there was one little girl on the street, all by herself.
⑥ She sold matches for her family,
⑦ But that day nobody had bought any.
⑧ She had no shoes, and her tiny feet were frozen.

　この英文の難易度を調べてみよう。読みやすさ (Flesch Reading Ease

Score)は、上限を100として87.8である。また、米国の小学校レベル（Flesch-Kincaid Grade Level）で言うと3.8、つまり3年生の後半相当である。（註：分析の対象にした部分は語数が少ないので、あくまでもReadabilityの目安である）

さらに文章のキーワードを抽出すると表1のような平易な語彙である。

表1　導入部での基本語彙

1. girl	12 *(4.3%)*
2. little	10 *(3.5%)*
3. her	8 *(2.8%)*
4. grandmother	6 *(2.1%)*
5. match	5 *(1.8%)*
6. cold	5 *(1.8%)*
7. lit	4 *(1.4%)*
8. very	3 *(1.1%)*
9. warm	3 *(1.1%)*
10. saw	3 *(1.1%)*

この4行は「マッチ売りの少女」の導入の部分である。①～④の文で描かれた大晦日の風雪の夜景の中に、上記⑤～⑧の文で、たった一人の少女を浮かび上がらせる。マッチを売って生計を立てているが、その日は全然売れていない。靴も履かず小さい足は凍えそうである。寒々とした背景の中に、痛々しい少女の姿を投影する。

次の4行については、「2．相手〈小グループあるいはクラス全体〉と対話する」という視点で検討してみよう。

⑨ The little girl felt lonely and very cold, so she decided to find a place to stay warm.
⑩ The little girl sat down next to a building.
⑪ She hugged herself to stay warm, but it was still too cold.

⑫ "If I light one match, maybe I can keep warm," she thought.

２．対話練習の方法

　相手と対話する場合は、大別して二人で行う場合と3人以上で行う場合とがある。二人で行う場合は Peer Tutoring、Paired Notes、Think-Pair-Share があり、3人以上で行う場合は Jigsaw Groups、Round Robin、Teaching Groups がある (Creekmore & Deaton, 2015)。

1）**Peer Tutoring**：二人の生徒が相互に教え合う方法であるが、二人とも英語力が低いと教え合うことが難しいので、二人にある程度学力差のあることが望ましい。しかし、学力差があり過ぎると教えるのが一方的になるので配慮が必要である。「ある程度の学力差」と書いた理由である。

　　例：How did she feel?
　　　　What did she do?
　　　　Where did she sit down?
　　　　What did she think?

2）**Paired Notes**：聞いたり読んだりする過程でメモをとる活動の場合、最後にメモを見せ合ったりしてチェックする方法である。

　　例：Peer Tutoring での質問に対する答えを見せ合って確認してみよう。

3）**Think-Pair-Share**：これは教師がクラス全体に質問をし、生徒に数分間考えさせ、その後、生徒がペアになり、教師の質問に対する考えを説明し合う方法である。

　　例：次の文を見て生徒はどう感じたか。お互い自分の感じたことを話し合いましょう。

　　　　"If I light one match, maybe I can keep warm," she thought.

4）**Jigsaw Groups**：班学習ではあるが、構成メンバーが班のテーマに関して個々の視点から別々に調査するので、ジグソーパズルのよう

に、個別に集めた調査結果を合わせて班のテーマに対する回答とする。その手順は下記の通りである。
① 学力差のある生徒4－5名からなる班を作る
② 教師は特定のトピックについて4－5場面からなる学習課題を設定する
③ 教師は各班に学習課題を一つ与える
④ 所属する班と受け持つ課題を教師が発表する
⑤ 生徒はクラス全体に自分の班の担当課題を知らせる
⑥ 生徒は各自の課題に取りかかる
⑦ 生徒は課題を調査しメモをとる
⑧ 時間が来ると、生徒は自分の班に戻る
⑨ 生徒は班の課題に関して各自の調査したことを報告する

5）**Round Robin**: Think-Pair-Share と似ているが、もっと規模が大きい。生徒の思考を刺激するような質問をしてから数分間考えさせ、それから小グループに分かれる。グループ内で個々の考えや意見を述べ合い、デスカッションする。
例：あなたが「マッチ売りの少女」を書いた作家であったら、この物語の結末をどのように書きたいか？

6）**Teaching Groups**: この協働学習は2、3日を要する大型のもので、グループ内のメンバーは、researcher、note taker、speaker、illustrator などの役割を分担し、この班学習にまるまる1時間を当てる。作業が終わったら班ごとに発表する。必要に応じてPowerPointや思考マップを使う。

3．次の文章は『マッチ売りの少女』の後半の部分である。これを上記6）Teaching Groups の方法で分析し、最後に発表会を開きましょう。

So the girl lit a match. In the light, she saw a little girl preparing to eat a delicious Christmas dinner. After the first match went out, she lit another one. This time, she saw a beautiful Christmas tree.

When the girl lit another match, she saw her grandmother, even though her grandmother had died years before.

"Please," said the little girl. "Don't go, grandmother. I am so sad and lonely here." The little girl did not want her grandmother to leave, so she lit all her matches together.

Her grandmother smiled, and looked very kind. She hugged the little girl. Together they flew high in the sky. It was so free and wonderful that the little girl laughed.

The next morning, people found a little girl, who had died in the snow. Nobody knew the beautiful things she had seen, or how happy she was, with her grandmother.

（英文翻訳は LiveABC 佐藤淳子 (2012) に拠る）

参考文献

Live ABC. (2012).『やさしい英語で読む　アンデルセン童話』Jリサーチ出版.

Bonwell, C., & Eison, J. (1991). *Active Learning: Creating Excitement in the Classroom.* ASHE-ERIC Higher Education Report No.1. Washington, D. C.: The George Washington University.

Eison, J. (2010). *Using Active Learning Instructional Strategies to Create Excitement and Enhance Learning.* Tampa: University of South Education.

Creekmore, J., & Deaton, S. (2015). *The Active Learning Classroom: Strategies for Practical Educators.* Oklahoma: New Forums Press, Inc.

第6章

小学校英語教育と
モジュール方式

小学校学習指導要領は平成28年度に改訂され、32年度から全面実施されることになっているが、英語科は30年度から先行実施される予定である。そのため、28年度から小学校の中核教員に中学英語免許併有を促進させることになっている。このような行政の流れと並行して、平成27年度から教職課程やコアカリキュラムの開発・検証が行われており、各大学による教職課程が改善され、制度改善後の新卒免許取得者を順次採用・配置していく予定である。これは、5、6年生の英語授業時数が70時間になり、加えて中学年（3、4年）にも年間35時間の「外国語（英語）活動」が始まるため、英語担当教員を必要とする時間が増えることを見越しての行政措置である。

1　モジュール方式

　英語の授業時数が増えた分、時間割のどこでそれを実施するかが問題となる。月曜日から金曜日までの時間割で、5、6年生には新規に1コマ分増やし（計2コマ）、3、4年生に1コマ分の授業枠を新規に確保しなければならない。そこで目下、検討されているのが英語授業のモジュール化と土曜日の活用である。

　モジュール方式は厳密にはモジュラー方式(modular system)であるが、「教育システムの構成要素である時間割、学習の内容、方法、形態、学習空間などの最小単位を決めて、それらを組み合わせてシステムの柔軟化、弾力化を図ること」である（平原・寺崎 編、2009）。

　例えば10分〜15分といった短い学習単位時間を設けて、ホームルームや朝学習の一環として週に3回実施するようなやり方である。モジュラー方式には、この他、習熟度別指導やマルチメディア教材や体験学習を授業に取り入れる場合もあるが、新しいカリキュラムのスタート時には子どもたちが慣れている一斉指導で始めて、児童の実態を見ながらより適切な方法を選択する方が無難であろう。

2 教材のモジュール化

　モジュール化は授業時間だけではなく教材のモジュール化を伴う場合が多い。例えば、ヨーロッパの文化に触れさせるためにドイツの民話の1篇を活用するとしよう。ヤーコプ・ルートヴィヒ・カルル・グリムとヴィルヘルム・カルル・グリムの兄弟がドイツ各地を訪ねて、長い年月にわたって語り継がれてきた民話を採集し、1812年 *Grimms Märchen* という書名で初版を出したものである（第1巻86篇、第2巻70篇、計156篇）。1857年刊行の第7版には200篇が採録されている。英訳版も数種類刊行されているが、例として *Grimm's Fairy Tales. New York: Pantheon Books (1812)* と最新の *The Brother's Grimm Classic Collection* (2015) を挙げておく。児童用に特化されたものもあるが、日本の子どもたちの英語レベルを考えれば、そのままテキストとして使うのは難しいであろう。それをいかに簡易化し、さらにモジュール化するためには、いろいろな工夫が必要である。小学校高学年（5、6年）では英語が教科になる。その教科書がどのような構成になるのか、モジュール方式になじむような内容構成になっているか、現時点（2017年1月）では不明である。そこで、上記のグリム童話を使ってモジュール方式を試行してみよう。

　日本の小学校の5、6年生に、45分の1単位時間を1回15分のモジュール3回にしてグリム童話を使うにはどのような方法がよいのであろうか。1回のモジュールで下記のような2行からなる教材にして使うとしよう。そうすると計6行からなる段落も、週3回のモジュールにして教えることができる。

The Pied Piper Ⅰ

① Long ago, there was a small town, Hameln, in Germany.
② There were a lot of rats in the town.

③ The townspeople tried many things to get rid of them.
④ But nothing worked.

⑤ One day, a stranger came to the town.
⑥ He said, "I am good at catching rats."

Questions & Answers:
① What is the name of a small town in this story? (It's Hameln.)
② What caused trouble for the townspeople? (A lot of rats.)
③ What did the townspeople try to get rid of them (the rats)? (They tried many things.)
④ Did they work? (No. Nothing did.)
⑤ Who came to the town one day? (A stranger did.)
⑥ What did he say? (I am good at catching rats.)

3 モジュール方式の応用

　このQ＆Aは小学生にとってはトップダウン (top-down) 的活動である。授業活動として成立させるためには、かなりの英語力を必要とする。最初はボトムアップ (bottom-up) 的活動から入っていかないと子どもたちについて行くのが難しい場合がある。典型的なボトムアップ的指導では、語彙の意味や語と語の連結パターン、あるいは文全体の構造について日本語で説明することが必要な場合がある。しかし、子どもたちが日本語の絵本で『ハーメルンの笛吹き』をすでに知っている場合は、上記の指導のいくつかを省略することができる。それは子どもたちの反応を見て判断することになる。換言すれば、日本語による『ハーメルンの笛吹き』の読み聞かせを経験しているか、子どもたちの英語学習期間、それに伴う英語力の伸長によって、各モジュールの指導案はすこしずつ変

わってくる必要がある。

The Pied Piper Ⅱ

① The people of Hameln were very happy to hear that.

② They said: "If you catch many rats, we'll give you a lot of money."

③ The Pied Piper played his magic pipe.

④ As he walked towards the river, all the rats followed him.

⑤ He kept playing his pipe until he went into the river.

⑥ The rats followed him into the river and were drowned!

Questions & Answers:

① What is 'that' in Sentence ① ? ("I am good at catching rats.")

② What did the townspeople say? (If you catch the rats, we'll give you money.)

③ What did the Pied Piper do? (He played his magic pipe.)

④ What did the rats do? (They followed the Pied Piper.)

⑤ Where did the Pied Piper go? (He went into the river.)

⑥ What did the rats do? (They followed him into the river, and were drowned!

The Pied Piper Ⅲ

① The townspeople cheered when they found out the result.

② However, they did not pay the man as they promised.

③ The Pied Piper got very angry and left the town.

④ A week later, he returned in secret and attracted (took) the children far from the town.

⑤ The townspeople said, "It's our fault. We did not keep our promise."

⑥ The Pied Piper got twice his fee.

Questions and Answers:
① What is 'the result' in Sentence ① ? (All the rats were drowned.)
② Did the Pied Piper get his fee? (No, he didn't.)
③ What did he do? (He got angry and left the town.)
④ What did he do a week later? (He led the children far from the town.)
⑤ What did the townspeople say? (They said, "It's our fault because we did not keep our promise.
⑥ What did they learn? (They learned an expensive lesson.)

　『ハーメルンの笛吹き』をこのあたりまで読み進むと、この物語全体が一種の起承転結になっていることに気づくであろう。
起：ネズミが多くて困っている町ハーメルンに、ある日笛吹きがやってきて、ネズミ取りが得意だと言う。
承：ハーメルンの町人が賞金を出すというので、笛吹きはネズミを笛の音で川に誘い出し溺死させる。
転：町が約束を守らなかったので、笛吹きは町の子どもたちを全部どこかに連出してしまう。
結：驚いた町民は賞金の倍額を払って子どもたちを返してもらう。
　〈教訓：約束を破っては駄目〉

4　複数の語句や文におけるつながり (link)

　P.83の①〜⑥の文で偶数ナンバーの文はどんな役割を果たしているのであろうか。いわゆる「常識」から判断すると、①の文の内容から笛吹きに約束したお金を渡すのが普通である。しかし、②の文はそのような内容になっていない。このように文と文の関係が逆になっていたり部分的に違っていたりする場合、途中に However や But が入らないと、①と②の関係は成立しない。

次に、③と④の関係を考えてみよう。「怒った笛吹きがハーメルンの町を去った」の次に、物語としてはどんな文が似合うのか、童話作家になったつもりで考えてみよう。約束した賞金を町が出さなかったのであるから、腹の虫が治まらない笛吹きは、こっそりハーメルンの町に戻る。③と④の文は a week later という語句によって内容的につながっている。

さて、読者のあなたが Pied Piper なら仕返しに何をしたいですか。
次の a、b、c から選んで下さい。

a. 他の町からネズミをたくさん連れてくる。
b. 町から金目の物を持ち去る。
c. 金銀より大事な子どもたちを連れ去る。

グリム童話では「子どもたちを連れ去る」ことになっている。例の笛を吹くという行為は同じだが、前半との違いは、連れ出すのはネズミではなく子どもたちである。This time（今度は〈前半と違って〉）という語句が⑤、⑥の文をつなぐ役目を果たしている。

① The townspeople were very happy.
② However, they did not pay him the money.
③ The Pied Piper got very angry and left the town.
④ A week later, he returned to Hameln in secret.
⑤ He played his pipe again.
⑥ This time, he led the children far from the town.

以上述べたように、偶数ナンバーの文で波線を施されている語句が「つなぎ語」(link words) となって、各2文の意味関係を示している。However は文①の内容と反対または部分否定の関係であり、A week later は文③の主語の1週間後の行動であり、This time は文⑥の主要部分が前回（物語の導入部分）と違うことを明快に示す働きをしている。

5 『ハーメルンの笛吹き』の結び

① Then the Pied Piper sent a message to the townspeople.
② "If you pay twice my fee, I will return the children."
③ The townspeople had to pay the money.
④ "It's our fault because we did not keep our promise."
⑤ It was an expensive lesson.

Questions & Answers
① What did he send to the townspeople? (A message.)
② What was written in the message? (Pay twice my fee if you want your children back.)
③ Did they pay twice his fee? (Yes, they did.)
④ What did they say? (It's our fault because we didn't keep our promise.)
⑤ What did they learn? (They learned an expensive lesson.)

6 まとめ

　要約すれば、モジュールは個々の小さな単位時間で指導可能な内容あるいは行動・情景などから成り立っている。その小さな単位の文章は、一つの段落のどこで用いられているかによって、文と文の間にいろいろな意味関係を表している。その意味関係によって段落が構成されていることを指導する良い機会を提供してくれるものである。最後に、本文に用いたグリム童話の英訳はＪリサーチ出版の『やさしい英語で読むグリム童話』のお世話になっている。小学生対象のモジュール授業で活用するために、部分的に変更した部分があることをお詫びと共に感謝申し上げる。

参考文献

平原春好・寺崎昌男（編集代表）(2009)『新版教育小事典』学陽書房.

Live ABC. (2011).『やさしい英語で読むグリム童話』Jリサーチ出版.

Ball, W. J.(1986). *Dictionary of Link Words in English Discourse.* Tokyo: Macmillan Publishers Ltd.

Grimm, J., & Grimm, W. (1812). *Grimm's Fairy Tales.* New York: Pantheon Books.

第7章

文字と音と意味を結びつける活動

1 Look and Say Method v.s. Phonics Approach

　本書の考え方の基礎となっている Reading Recovery Program（以下、RR プログラムと略す）では、英語の文字（綴り）と音と意味の関連性を学習者に理解させることが読み書き能力を向上させるために最も重要であると考えられている。英語圏で読み書きに躓いている小学生に行う介入プログラムであるこの RR プログラムでは、学習者に英単語の綴りと音と意味の関係を理解させるための訓練として synthetic phonics と analytic phonics を使っている。しかし、literacy education（読み書き教育）の歴史を振り返ると、読み書きを教えるための方法としては、単語を全体としてとらえて覚えるように指導する方法（Whole Word method または Look and Say method）によるか、RR プログラムのように音素の理解に注目した phonics approach によるか議論となっていて、それは今日も続いている。

　Look and Say method（Whole Word method とも呼ばれている）は、1830年代に開発され、1930年代から1940年代までは、読み方を教えるために有効な教授法だと考えられていた (Children's Books and Reading, 2009-2015)。Whole Word method や Look and Say method で教えた場合、子どもはそれぞれの単語を形またはシンボルとして丸覚えすることになり、綴りと音が一致していない単語に出会った場合、読むことができないという現象が起こってしまう (ibid.)。また、人間の記憶能力を考えると、約2,000個以上の抽象的なシンボルを記憶するのは困難であると考えられているのに、人間が日常生活で使う語数がおよそ50,000語であるといわれているため、児童が Look and Say method で日常生活に必要な語を覚えるよう訓練するのは困難であろう考えられた (ibid.)。アメリカの学校で児童の読み書き能力が低下した原因は、この Look and Say method による指導にあると考えている教育者が多い中、Look and Say method への批判を受けて1950年代から注目されたのが phonics approach であっ

た (Phonics versus "Look Say" or "Whole Word" method in teaching reading and writing, 2017)。

　Phonics approach は、英語の単語（綴り）と音の関係を教えながら英語の学習をしていく指導法である。アルファベット文字の数は26文字であるが、その文字がいくつか組み合わさってできる音の最小単位を音素という。英語には約42種類の音があるといわれている（ジョリーラーニング社、2017, p.6）。例えば2文字の組み合わせで1つの音を表すship, chip, this, strong に見られる"sh"、"ch"、"th"、"ng"の音があり、これらをダイヤグラフという。Book や moon に見られる /oo/ のダイヤグラフや、this と thin に見られる"th"は、それぞれ異なる音になる。26文字のアルファベット文字が42種類の音を作り出すことを考えると、前頁で説明した通り Whole Word method や Look and Say method で丸ごと単語を覚えていくという指導法では、英単語の理解に時間がかかってしまう。Phonics 指導によって英語の音とそれを表す文字の関係についてのルールを理解できていれば、子どもは初めて見た単語でも綴りを見て発音することができると考えられている。英語の音と綴りの関係は全てが規則通りになっているわけではないが、いくつかの不規則なルール（"to" "your" "mode" "like" のようなひっかけ単語、"rain"の"ai"と"date"の"a"に見られるように、音は同じであるがその部分の綴りが違うといったいわゆる同音異綴り、"doctor"の"or"のような弱音化と"write"の"w"や"knock"の"k"のような黙字）を含んだ音と綴りの関係について教えることは、子どもの読み能力を育成することに役立つと考えられている（ジョリーラーニング社、2017）。

2　音素と綴りと意味の関係についての知識はなぜ必要か？

　日本の英語学習者の場合について考えてみよう。日本語を母語とする英語学習者のためには、英語の音韻システムについての指導が必要であ

る。日本語の音声知覚の単位はモーラ（mora: 一定の長さを持った分節単位）または拍である。日本語は各仮名文字が音節を表し、その仮名一つがモーラとなる（母音の「あ、い、う、え、お」と子音＋母音から構成されている標準音節「か行」以降、「きゃ、しゅ、ちょ」などの拗音節、伸ばす音、小さい「っ」および「ん」）。モーラは英語の最小単位である音素（/p/ /b/ /a/ /k/ など）よりも大きい。人間は生後10か月頃までに既に日常聞いている音体系にその音声知覚が慣れてくる（林、1999）といわれていることから考えても、日本語を母語とする小学生や中学生にとって英語の音節の理解には時間がかかるはずである。また、学習者の母語は習得しようとする目標言語の理解に影響があるという Wang, Koda & Perfetti (2003) の研究結果にあるように、日本語の音声に慣れ親しんでいる英語学習者は、英語の音韻体系に慣れるためには特殊な訓練が必要であることは明確である。

　一方、綴り能力が音素と文字を結びつける能力と関係しているという研究から、読むことだけでなく書く能力にとっても音素と文字をつなげる能力が関係しているようである (Wade-Woolley & Siegel, 1997)。Wade-Woolley & Siegel (1997) の研究は、L2学習者と英語母語話者を、読みの苦手な被験者と平均的な読みの能力のある被験者とに分けて実験を行ったところ、読みの苦手な被験者は、文字を一定の順序で書いたり、音素と文字をつなげることが不得手であることが明らかになったというものである。森 (2007) は、日本人大学生を被験者として綴りの能力と文字と音の連関規則の役割についての調査を行った。その結果から森 (2007) は、文字と音の連関規則についての知識は、綴りの能力と相関関係が強く、特に不規則な綴りの語を習得するためには、文字と音の連関規則を大いに使う傾向にあると推測している。単語を読み書きする能力を育成するためには、音素と綴りの関係について指導する必要があるというわけである。

3 日本語を母語とする学習者への指導上留意すること

　日本語を母語とする英語学習者に英単語の音と綴りの関係を教えるときに注意すべき点がいくつかある。第1に、アルファベット文字の名前（A「エイ」、B「ビー」、C「シー」、D「ディー」など）と文字の音（aは「ア」と発音し、bは「ブ」、Cは「ク」と発音するなど）が異なるということを教える（ジョリーラーニング社、2017）。また日本の学習者は、小学校3年生のときに国語の授業でローマ字を習う。ローマ字は、「a, i, u, e, o（ア、イ、ウ、エ、オ）」「ka, ki, ku, ke, ko（カ、キ、ク、ケ、コ）」のように日本語の音をアルファベット文字で表し、「か行」以降は「子音＋母音」の組み合わせで表現されている。ローマ字によって自分の名前を書くことができるようになり、日常生活の中でパソコンを使用する場面でローマ字の入力機会が増えていることから、ローマ字学習は、小学生にアルファベット文字に親しむ機会を与えていると考えられる。しかし、このローマ字学習、アルファベット文字の名前そしてアルファベット文字の音が多くの場合さらに日本の学習者を混乱させるようである。英語の音と綴りの関係を理解するための基本的な知識として、英語には /a/ /e/ /i/ /o/ /u/ といった「母音」と呼ばれる音と「母音以外の音」として /s/ /b/ /d/ /p/ といった「子音」があり、これらのコンビネーションから英語の複雑な音が構成されていることを教える。英語の音と綴りの関係を教えるときには、まずアルファベット文字の名前と音の違いについて学習者に理解させる指導が必要である。

　第2に、それぞれの音と綴りの関係は、テキストの中で教えるようにすることも大切である（ジョリーラーニング社、2017）。テキストを読んでいるときに出てきた英単語の音の特徴、綴りとの関係を教え、実際に音を声に出してみる、その単語の意味と音と綴りの関係を理解させるためには、テキストによって与えられている文脈が重要になってくる。文脈を与えることにより、その中で紹介されている単語の意味がテキス

トの文脈や意味と結びついて、学習者の記憶に残るのを助けるという、いわゆる意味のある学習 (meaningful learning) になり、学習者が新しい学習内容と関連づけることが容易になるからである (Oxford Learning Centre Inc., 2017)。

　第3に、日本でアルファベット文字を教えるときにブロック体の大文字と小文字を教えているが、英単語の正しい配列を覚えやすくなり、正しい綴りで書けるようになることからアルファベット文字の筆記体を教えたほうが良い（ジョリーラーニング社、2017）。筆記体を教えることで学習者が単語を書くときに文字をつなげて書く習慣がつき、文を書くときに単語と単語の区切りの意識ができるようになる (ibid.)。学習者は、アルファベット文字を習った後、テキストの中でそれらの文字を探してみる、白いボードとアルファベット文字の形をしたマグネットを使って文字を組み立ててみる活動を取り入れながらそれぞれの文字の形の特徴に慣れさせる。毎日30分実施するRRプログラムでも、最初にアルファベット文字と音と意味の関係を教えるためのタスクを行っている。このタスクも毎回繰り返すことによって定着を図ることができる。

4　英単語の音、綴り、意味の理解を助けるタスク

　上記の点に留意しながら、日本語を母語とする学習者に英単語の音、綴り、意味を教えるための訓練として「ブレンディング（blending 混交）」、「セグメンティング（segmenting 分節）」、「音の聞き取り」活動がある。これまでにも述べたように日本で英語を学ぶ小学生や中学生には、アルファベット文字の名前とアルファベット文字の音の違いについて理解させる必要がある。

　RRプログラムでも毎回の訓練の最初に必ず実施する活動であるブレンディングは、日本の英語学習者が英語の音体系に慣れるために必要な訓練である。ブレンディングとは「混ぜる」という意味であるが、アル

ファベット文字の音を理解して単語がその音から構成されていることを理解する能力を養成する訓練である（ジョリーラーニング社、2017）。このタスクには、マグネット用の白板とマグネットになっているアルファベット文字（大文字と小文字）を使うとよい。

例えば、「蟻」を意味する"ant"の"a"は、日本語の「あ」でもなくアルファベット文字の名前の「エイ」でもないことを説明する。最初はその単語が表している意味をイラストや絵で見せ、その単語がそれぞれの音からできていることを教え、一つ一つの音を強調しながら発音してみる。発音記号で表すと /æ/ の音であるが、ここでは発音記号は教えず、"a"の実際の音を聞かせて理解させる。"Ant"は、"a""n""t"という3つの音からできていることをマグネットのアルファベット文字で組み立てながら教える。ほかに"jam""hat"の単語にも同じ"a"が入っていることを示し、これらの単語も"j""a""m"や"h""a""t"とそれぞれ3つの音から構成されていることを説明する。RR プログラムでは、このブレンディングを読みの訓練にも使っている。学習者がテキストを読んでいるときに単語の発音で躓いた場合、教師が一つ一つの音を拍手で表し単語がいくつかの音で構成されていることを思い出させる効果がある。

学習者が英語で単語や文を書くときに正しく綴りができない場合、セグメンティングは効果を発揮する訓練方法である (ibid.)。セグメンティングは単語を構成している音を区別して理解できる能力を養う。それぞれの音に対応する文字を書くことは日本語を母語とする学習者、特に英語を習ったばかりの学習者にとっては難しいと考えられている。例えば"pen"の綴りがわからない場合、教師は、四角形を3つ横に並べて、学習者と一緒に拍手をしながら、"p""e""n"と音を発音して、四角形の中にそれぞれの音を入れていく。これも RR プログラムの中のライティング活動でよく使われている指導である。

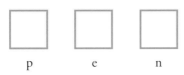

　このセグメンティングやブレンディングといった音の聞き取り訓練は、学習者の英語の音に対する意識を高めることができる。例えば、"ant" "jam" "hat" を音で聞かせ、習った /æ/ の音を含んでいるかどうか答えさせる。また、"ant" "jam" "hat" を聞いた後、それぞれの単語を音に分けて書かせてみる。"Ant" は "a" "n" "t"、"jam" は "j" "a" "m"、"hat" は "h" "a" "t" と一つ一つの音を分別できるようになればよい。音の認識ができたら、音の聞き取り活動で聞いた単語の文字を実際に書かせてみると、どれほど理解できているかが確認できる。

5　音と綴りと意味を結びつける活動はどのように行うか

　フォニックス指導では、規則的な説明が可能な場合から、ひっかけ単語と言うように例外規則のものもある。つまり、1音節の単語で、1文字で1つの音を表す音を含む単語の場合だけでなく、2文字で1つの音を出すダイグラフ（"book" "moon" など）、フォニックスの規則には当てはまらない例外の単語（"I" "the" "are" "do" など）もあり、ブレンディングやセグメンティングで訓練していくとその難易度も上がってくる。この章で提示している音と綴りと意味を結びつける活動としてのフォニックス指導は、実際の読みの活動の中で、学習者が読みに躓いたとき、英語で単語を書くことができないとき、学習者が単語の発音の仕方に疑問に感じたときなどに実施することができる。教育理論では、学習には機械的学習 (rote learning) と意味のある学習 (meaningful learning) があるといわれていて、学習者の既存の知識と結びつけながら学ぶため meaningful learning の方が、情報を繰り返し覚える学習法である rote learning よりも記憶に定着しやすいといわれている。Rote learning

を日本語で文字通り「機械的、まる暗記」と訳すと学習者に記憶することを無理に強いるといった誤解を招くかもしれないが、rote learning によって情報を毎日繰り返し学ぶことにより、その単語を自動的に理解すること (automaticity) ができるようになるともいわれている (Blumenfeld, 09/07/2017; Oxford Learning Centre, 2017)。小学校の高学年では2020年から英語が教科となり、授業数が年間70時間になる。英語学習のためになるべく時間を確保することが重要課題となってくる。この英単語の音、綴り、意味の関係についての理解は、10分から15分のモジュール学習の時間を使って毎日少しずつでも反復訓練することで可能となるであろう。

引用文献

ジョリーラーニング社(編著) 山下桂世子(監訳)(2017)『はじめてのジョリーフォニックス ティーチャーズブック』東京書籍株式会社.

林安紀子(1999)「声の知覚の発達」『ことばの獲得』(桐谷滋編) ミネルヴァ書房.

森千鶴(2007)『L2学習者のスペリング能力とリーディング能力の関係』渓水社.

Blumenfeld, S. (n.d.). The Importance of Rote Learning. Homeschool World
　　Retrieved September 7, 2017 from www.home-school.com

Children's Books and Reading. (2009-2015). "Look and Say Teaching Method"
　　Retrieved September 7, 2017 from
　　www.childrens-books-and-reading.com/look-and-say.html

Oxford Learning Centre, Inc. (2017). The Difference Between Rote Learning and Meaningful Learning.
　　Retrieved September 10, 2017 from
　　https://www.oxfordlearning.com/difference-rote-learning-meaningful-learning/

"Phonics versus "Look Say" or "Whole Word" method in teaching reading and writing. (2017). I AM Montessori.
　　Retrieved September 7, 2017 from
　　https://www.iammontessori.com.au/blogs/news/117061253-phonics-versus-look-say-or-whole-word-method-in-teaching-reading-and-writing

Wade-Woolley, L., & Siegel, L. S. (1997). The Spelling Performance of ESL and

Native Speakers of English as a Function of Reading Skill. *Reading and Writing: An Interdisciplinary Journal, 9,* 387-406.

Wang, M., Koda, K., & Perfetti, C. A. (2003). Alphabetic and nonalphabetic L1 effects in English word identification: a comparison of Korean and Chinese English L2 Learners. *Cognition, 87,* 129-149.

読み書きをガイドする

Guided Readingは、ニュージーランドで発達し、学校の視察官 (inspector of schools) のMyrtle Simpsonと読み教育アドバイザー (The National Advisor on reading) のRuth Trevorによって1960年代初頭に確立された読みの指導法である (Ministry of Education, N.Z., 2005)。"Guided"は、「導かれた、ガイドされた」という意味なので、「ガイドされながら読む指導法」といった意味になるだろう。このGuided Readingは、子どもが自分一人で本を読むことができるようになるための「橋渡し」の役割を果たすことができる点、有効な読みの指導法といえる (Ministry of Education, N.Z., 2005; Scholastic Canada, 08/22/2017)。

1 Guided Readingの指導上の利点

　Guided Readingで言語指導を行う意義は、いくつかの理論によって説明することができる。第1に、テキストを読み理解する過程を学習者に客観的に理解させることができる (Ministry of Education, N.Z., 2005)。テキストを読むということは、テキストの文字上の理解を超え、読み手がテキストから意味を構築していくプロセスであると考えられている。第2に、読み手がテキストの内容について試行錯誤しながら理解していく過程であるということから、著者との会話 (conversation) であるとも、書き手と読み手との相互作用 (interactions with the author) であるとも考えられている。そのため読み手が読み取った「著者の意図」は、読み手が個人の経験から得られた事柄を反映させながら読んでいくため必ずしも同じではなく、読み手によって理解は異なってくるのが当然である (Goodman, 1967; Carrell, Devine & Eskey, 1988)。Guided Readingによって学習者は、テキストを読む過程での著者との会話を通して意味を構築していく様子を自身で確認することができる。また、自分がテキストについて持った見解を確認したり、自身が理解に躓いたときには他の読み手と意見交換したり、教師から助言を得るなどして問題解決能力を向上

させることができる。そして、Guided Reading は、学習者がテキストを読むだけでなく、その読んだ内容に基づいて文字で表現する (writing)、他の学習者と共有するために発表すること (presentation) につなげていくことが可能になる。

　Guided Reading は、同じような読み方をし、読めるテキストレベルもほぼ同じ学習者からなる小グループで行う (Scholastic Canada, 08/22/2017)。これは、この指導法の利点である (Ministry of Education, N.Z., 2005)。子どもは、たとえ同じ年齢だとしても、それまでの読書量や認知能力の発達速度などの要因によって読みの能力は異なってくる。そのため小グループで行う Guided Reading では、学習者の能力とその学習者が必要としている指導についての情報が収集しやすく、そのような学習者情報を得ることで教師は柔軟な対応をすることができる (ibid.)。ニュージーランドの小学校の例をあげると、5歳になると小学校へ入学することができるため、当然月齢の異なる子どもが入ってくる。そこで、幼少の頃に見られる認知発達の差を補うために、同じような読み書き能力を持った子どもをグループにして、読み方の指導をしている。

　また小グループでの学習は、学習者にとっても自分の考えを思い切って発表しやすくなる。英語ではよく taking risks ということばで表現されるが、何事にも「失敗を恐れずに思い切ってやる」ことが学びの過程では重要だと考えられている。Taking risks を促すためにも、小グループでの学習は学習者の情意フィルターを低くすることができる。教師が Guided Reading を効果的に行うためには、同じような読解能力を持ち、読解方略を使える程度にも大きな差がない学習者からなる小グループごとに指導するわけである。

　Guided Reading では、色々なテキストを読む機会を与えるので、それらを読み、本の内容について考え、グループ内の学習者とディスカッションをする経験を通して異なる視点からものを考える能力を身に付けることができるようになり (ibid.)、読解能力向上とともに認知能力を高めることができる。指導の効果を上げるために、小グループで読むテキス

トの選定は重要である。テキストには、学習者が90%くらいは理解できるレベルものを選ぶことが肝要である (Scholastic Canada, 08/22/2017)。選んだテキストが学習者にとってかなり難しい内容であると、学習者は一語一句理解することに注意を払わなければならず、テキストの内容の意味を理解し、読解のための方略を使って理解する余裕がなくなってしまう。読みをガイドする目的は、読み手がわからない語や文を何らかの読解方略を使って読む訓練をすることであるから、学習者がある程度余裕をもって読めるレベルのテキストを与えなければならない (ibid.)。そのためには、まずは読み手が知っていると思われる内容のテキストを選ぶのが得策であろう。学習者は、その内容についてある程度知識があれば、未知の語に出会ったときでも、何等かの方略を使って内容理解ができる。またはよく知っている内容でなくても、学習者の読みたいと思う気持ちが習得につながると考えられるため、学習者が興味を持っている分野を扱っているテキストを選ぶのも良い (ibid.)。子どもが既に知っている内容や興味のある分野を扱っているテキストを教材として選ぶことによって、子どもに自信を与えることができ、テキストを読む動機を高めることができるであろう。

　Guided Reading では、教師と学習者の間で interaction を繰り返し、読解能力を養っていく。この教師と学習者との interaction の中で行われるやり取りは、purposeful dialogue または learning conversation と呼ばれる (Ministry of Education, N.Z., 2005)。教師は、学習者の情意フィルターに配慮しながら質問をする (questioning)、フィードバックを与える (feedback)、即興でヒントを与える (prompting) ことによってテキストの理解の方法、意味の取り方などを教え、このような interaction を繰り返すことで、学習者のメタ認知能力を育成することができる (ibid.)。Vygotsky の唱える学習理論に Zone of Proximal Development（最近接発達領域）や Knowledgeable Others という考え方がある。Vygotsky によると子どもは、知識のある人や大人の助言を受けることにより、一人で理解できること以上に理解できる場合があり、それをその子供の最近接発達

領域とみなし、その子どもの能力として評価すべきであるという考えである。Guided Reading における教師と学習者との purposeful dialogue は、学習者の認知発達という点でも役に立つ指導法なのである。

2 Guided Reading の指導の方法

　Guided Reading は、言語学習および読解力の養成を効果的に行うための指導法である。Guided Reading は、学習者をいくつかの小グループに分けて、教師がそれぞれのグループを回って指導をする。Guided Reading といっても、読みの活動だけで終わるわけではない。読みの活動は、書く活動や話す活動と結びつける、読んだ内容について図や表でまとめて視覚的にわかりやすく説明するなど、他のスキル活動と関連づけていくとその効果を発揮する。与えられたインプットを学習者がどの程度取り込んで理解したかは、学習者のアウトプット (performance) を見るとわかるからである。小グループの人数や1日当たりこの Guided Reading に費す時間については、クラスの人数とカリキュラムの中でどれだけの時間が取れるかによって決めることになるであろう。ニュージーランド教育省の資料によると、グループ内の人数は1名から8名くらいとなっている (Ministry of Education, N.Z., 2005)。また、教師があるグループの学習者に Guided Reading を行っているときには、他のグループはそれぞれで読みの練習をすることになる。教師が1時間内に回るグループを4または5グループ以上にすると丁寧な Guided Reading 指導が難しくなる (ibid.) ことから、日本の小学校および中学校の英語の授業で Guided Reading を行う場合も、丁寧な指導ができるかどうか考えてグループ分けをしなければならない。

　クラスで Guided Reading を行う際には、まずそのテキストを読む目的を明確にすることが大切である。例えば、「テキストの主人公の心情の変化を理解すること」を読解の目的とするならば、それを授業内で学

習者に周知する。また Guided Reading が終わったときに、学習者がその目的をどれだけ達成できたかを評価する必要がある。Guided Reading でよく使われる方略として KWL 方略がある (ibid.)。K は、"what we **K**now（私たちが知っていること）" の K を表し、W は "what we **W**ant to know（私たちが知りたいこと）" の W を、L は "what we've **L**earned（私たちが既に学んだこと）" の L を表す。この KWL を表にして、グループの学習者にそのテキストについて知っていること、知りたいこと、既に学習したことに分けてチャート形式にした紙に書かせるなどすると、学習者が自分の学習のプロセスについて客観的に理解することができてよい。テキストを読んだ後、その内容について考えたことを英語で書かせるタスクもできる。さらに、学習者が読んだテキストの内容や Guided Reading の目的について journal に書き、疑問に思ったことや、読んでいる最中に感じたことに対して、読み終わったときの学習者自身の変化（疑問について答えが出た、読んでいる最中に感じたことについて自分なりの説明ができたなど）を英語で書かせることもできる。英語で書くことが困難な場合は、図や表、矢印などを使って表現してもいい。

　一方、教師があるグループに Guided Reading をしているときに、他のグループの学習者（既に Guided Reading を受けたグループとこれから指導を受けるグループ）は、自分たちで読みのタスク (individual reading tasks) を行う (Ministry of Education, N.Z., 2005)。①テキストをペアになって読む。また、テキストを読んだ後、学習者は KWL の表に自分の意見を英語で書く。Guided Reading を終えたグループは、指導のときに理解できたことについて英語で書き、テキストの内容を要約した Cloze Test をさせて、内容理解チェックをさせる (ibid.)。②テキストの内容が社会や理科など他の科目の内容と関連している場合も含め、テキストの内容ついてより詳しい情報をインターネットなどで調べ (Research Reading)、テキストの理解をより深める (ibid.)。③クラスで扱っている話題についてインターネットだけでなく、英語で書かれている新聞（週刊英話新聞 Asahi Weekly は日本の中学生でも理解することがで

きる）や雑誌などで調べる。④テキストに出てくる人物になりきって、role-play をして、グループで読んでみる (Readers' Theatre) (ibid.)。テキストが fiction の場合、プロットや登場人物の関係を表にして、その表を話の内容とともに理解するために使用する。Individual Reading Tasks では読みだけでなく、語彙の練習もできる。例えば、①読んだテキストの中の語彙を同義語、反意語、語の派生によってカテゴリーに分けて理解する (ibid.)。②そのテキストに出てくる語が、文脈の中でどのような意味で使われているかなどについて話し合う。③ Guided Reading で学んだ語彙を使って英語で書いてみる。

3　Guided Reading における教師の役割

　RR プログラムの指導理念である emergent literacy と中心となる指導方針である roaming around the known が示唆しているように、英語を習い始めた学習者は既に様々な知識を蓄えている。個々の学習者の知識と興味を新しい学習内容と効率よく結びつけながら学習を助けていくことが教師の役割である。そして、小グループでの活動の利点を生かし、教師は個々の学習者がどのように英語のテキストを理解していくのかをよく観察する必要がある。グループディスカッションをするときに教師は（ある文の意味を）どうしてそのように考えたのか、（主人公の行動の根拠について）なぜそうだと思うのか、（難しい語の意味が途中で理解できたとき）どんな方法でその語の意味がわかったのかというように学習者に自身の読解のプロセスを振り返えさせるような質問をしてみるとよい (Ministry of Education, N.Z., 2005)。小グループ内でのディスカッションでは、学習者は意見を発表しやすいため、教師による質問や理解を助けるヒント (scaffolding) だけでなく、他の学習者の発言にも注意を払うよう促し、学習者同士お互いから学べることにも気づかせることが大切である。教師や他の学習者とのインタラクションを通して学習者が読み

行動を振り返り、間違いの原因に気がつく、わからなかったことが理解できるといった問題解決能力の修得を手助けすることが期待されている。

4 Guided Reading を実践してみよう

　実際のテキストを使って Guided Reading の実践方法を提示する。テキストは、Macmillan から出版されている"Making Paper (St John, 2013)"である。このテキストは、総頁数が24頁で語数は449語である。文章とともに前頁に写真が掲載されていて、内容理解を助けるように構成されている。テキストのタイプは説明文である。最も使用頻度の高い注目すべき語は"both"となっている。注目すべき内容語(content words)は、"bark""beater""chemicals""chipper""digester""fibres""logs""paper""paper mill""pulp""rollers""washer""wood"である。目次は以下の通りになっている。ここでは、このテキストの一部を使って指導例を提示する。以下に提示する目次を見ると、テキスト全体の内容を予想することができるであろう。

　　目次
　　Where Does Paper Come From?
　　How Is Paper Made?
　　What Happens in the Paper Mill?
　　How Is Paper Recycled?
　　Make Your Own Paper
　　Glossary
　　Index

　① Guided Reading を行う小グループ内の指導内容
　　Where Does Paper Come From?
　　People make most paper from wood. They use wood from both trees

and wood waste. Sawdust and wood chips are both wood waste. If people cut down trees for paper, they plant new trees to replace them.
(St John, 2013, p.2)

① テキスト（2頁）を教師と学習者が音読する。個々の単語を正しく発音できているか、個々の文を抑揚に注意して読んでいるか確認しながら音読する。
② "Where Does Paper Come From?" というサブタイトルについて学習者に聞く。
　　2頁目と3頁目にある森や細かく切られた木の破片の写真に注目させながら各々の学習者に以下の質問をして、この授業ではこの質問の答えを見つけることが学習の目的であることを理解させる。
　　教師からの質問："Where does paper come from?"
③ それぞれのKWLチャートの空欄に自分の答えを書かせる。
　　教師からの質問："Let's fill out your KWL charts. Where does paper come from?"

KWL Chart

	What we know	What we want to know	What we've learned
1回目			
2回目			
3回目			

④ 2頁目と3頁目にある写真は英語で説明されている。
"These wood chips can be used to make paper."
"Paper is often made from pine trees."

教師からの質問："Wood chips" はどんな意味か、絵から推測してみよう。

"Chips" は、日本語でも「チップス」ということに気づかせる。「ポテトチップス」のチップスはどんな意味か。「薄切りしたもの」という意味であることから、"wood chips" も「木の小さく切ったもの」「木の切れ端」となると理解させる。

教師からの質問：（木の写真を指して、）この木の名前知っているかな。

松の木、杉の木など知っている木の名前が出てくるであろう。松の木がわかりやすく映っている写真を見せて、「松の木」であることを教える。"It is a pine tree." ここで、改めて紙は何から作るのか聞いてみる。

教師からの質問："Where does paper come from?"

2頁と3頁の絵と英語の説明から、答えを推測させてみる。「木と木の破片」と答えが引き出せることができるか。KWLチャートに戻って、わかったこと、知りたいことなどを空欄に加筆させる。この場合、最初に書いた部分（1回目）は削除せず、線を引いて、次の空欄（2回目）に書くよう指示する。最初に書いたものと最後の方で書いたものを後から比較し、自分がどんな疑問を持ち、どれだけわかったかを振り返ることができるからである。

⑤ 本文中の語彙について推測させてみる。これまでわかったと思われることは、A pine tree＝松の木、wood chip＝こっぱ（木端）ということである。

次に、wood chips が waste であり、未だ意味がわからないと思われる sawdust も waste であることを理解させるために、次のような説明をしてみる。Sawdust ＝ saw（のこぎり）＋ dust（ごみ、くず）となることを、のこぎりで切った後に出る粉の絵を見せながら、sawdust

が「おがくず」であることを教えてはどうだろうか。実際、日本語でものこぎりで切った粉を「おがくず」というということを知っている学習者は少ないかもしれない。そこで次の質問をしてみる。

教師からの質問：Sawdust と wood chips が waste であるということは、どういうことだろうか。例えば、宿題をしなければならないのに、テレビゲームで遊んでしまったとき、お母さんが "don't waste your time!" と言ったらどういう意味だろうか。無駄遣いをしたときに、誰かから "Don't waste your money!" と言われたことはないか。

この質問で、"waste" が「何か無駄なもの、廃棄物」を意味することを推測させたい。

⑥ 次に木と自然環境の話をする。もし紙を作りたいために木を伐採してしまったらどうなるか、グループで話し合う。

教師からの質問：We cut many trees and make paper. What happens to our Earth?

学習者からは、山が崩れてしまう、木がなくなると二酸化炭素が多くなる、木がなくなると箪笥（たんす）や机を作ることができなくなるなど様々な意見が出るであろう。ディスカッションをした最終段階では、「新しくまた植樹する必要がある」という答えを引き出す。テキストの中の "If people cut down trees for paper, they plant new trees to replace them." の意味の理解へとつなげる。

Guided Reading で、文法規則や語彙の意味をどの程度教えるかについて意見が分かれるところであろう。しかし Guided Reading の最初の目的（"Where Does Paper Come From?" の答えを見つけること）が達成できること、その目的を達成するために必要な語彙、文の理解ができることという基準を設けることで、指導の際に学習者に対してどの程度正確なテキスト理解を要求するか (accuracy)、一方、流暢さ (fluency) をどの程度要求するか、教師が評価基準を決めることができる。

Guided Reading が終わると、教師は次の小グループの指導を始める。指導が終わったグループの学習者は、writing タスクを行い、テキストの内容について復習をする。学習者が各自 KWL に書いた内容についてそれぞれ英語で書いてみる。または research reading タスクで、木を伐採するとどのような弊害が出てくるか調べて、テキスト理解を深めることもできる。

　未だ Guided Reading を受けていない学習者のグループではどんな活動をするのだろうか。テキストをグループで音読し、KWL のチャートの空欄を書く。テキスト（2頁から3頁）がどんな内容なのか、写真を見ながら学習者同士で推測してみる。推測した内容をノートに書き留める。理解できない単語がある場合は、グループ内でその意味を推測し、推測した結果についてもノートを取っておく。教師が Guided Reading の指導に来たときに、KWL のチャートを見ながら内容についてわからなかったところを教師に質問させる。教師は、テキストを読むときの方略を教えながら、疑問に答えていく。

5 まとめ

　上記で述べられているように、Guided Reading は、学習者の読みのプロセスを学習者自身が振り返ることができるよう教師がガイドする指導法である。学習者が自分の読み方のどこに問題があるのか、どこまでわかっていて、何を理解しなければならないのかを明確にする手助けをするためには、それぞれの学習者について理解していなければならない。そうでなければ、学習者がひとりで考えようとしているところに必要以上に助言を与えたり、理解できないときに適切な助言ができなかったりなど、却って学習者の学びを混乱させてしまうこともあるため、教師の責任は重大である。それぞれの小グループを回って指導した後は、クラス全体に対してまとめをする必要がある。学習者は自分の理解度をもう

一度確認することができる。授業の後には、KWLのチャートの内容を学習者が自身のポートフォリオに記録しておくのがよい。次回の学習のときにその記録を見ながら理解できたことと理解できなかったことを明確にすることにより、知識の修得と英語学習を達成することができるからである。

引用文献

Carrell, P., Devine, J., & Eskey, D (Eds.). (1988). *Interactive Approaches to Second Language Reading*. Sydney: Cambridge University Press.

Goodman, K. S. (1967). Reading: A Psycholinguistic Guessing Game. *Journal of the Reading Specialist, 6(1)*, 126-135.

Ministry of Education, N.Z., (2005). *Guided Reading Years 5 to 8*, Wellington: Crown.

Scholastic Canada. (n.d.). "What is Guided Reading?" Retrieved August 22, 2017 from scholastic.ca/clubs/images/whatisgrl.pdf

St John, V. (2013). *Making Paper*. Victoria: Macmillan Education Australia.

Vygotsky, L. S. (1962). *Thought and Language*. Cambridge MA: MIT Press.

第9章

RetellingとRewritingを活用した授業

1 Retelling の効果

　子どもは日常生活で retelling（再話）を経験している。子どもが、学校から帰ってきて「今日はどうだった？」と聞かれ、その日の出来事について話をすることは、家庭でよくある光景である。友達との会話で誰かから聞いた話や、面白かったテレビ番組の内容、誰かに読んでもらった話について話すこともある。この日常生活によく見られる retelling は、子どものことばの発達を助け、また retelling の内容から子どもの言語運用能力を測ることもできると考えられている (Kissner, 2006: Morrow, 1985: Gambrell, Pfeiffer & Wilson, 1985: Rohani & Pourgharib, 2015)。Reproduction とも story-retelling とも呼ばれる retelling は、学習者が読んだ話の主題（聞いた内容について retelling をする場合もあるが、本書では、読みの活動について述べているので読んだ内容とする）を自分のことばで伝える活動である。読解は、読み手がテキストの内容について仮説を立て意味を推測しながら理解していく心理言語学的推測ゲームであると説明されている (Goodman, 1967)。また、読解は、読み手が背景知識を活用しながら意味を理解し、理解した意味について考えることによってさらに新しい解釈が生まれるという transactional process であるともいわれている (Rosenblatt, 1978)。Transactional process とは、読み手がテキストの内容によって影響を受け、それによって引き出された読み手の解釈が次のテキストの解釈に影響を与えるというダイナミックなプロセスを意味している。いずれにしても読解は、読み手が単にテキストから情報を得るという受け身の行為ではなく、読みながら自分の知識を活用し、さらにテキストに書かれている意味を推測または検証しながらテキストの意味を構築していくといった能動的な行為であると考えられている。読解力確認のための練習問題としてよく使われる読んだ内容についての問題に答えるというタスクの場合、それぞれの問いの答えを探すことが要求されているだけである。しかし、retelling 活動の場合、読み手

がテキストから意味をいかに理解し、構築してきたのかが明らかになる。その活動を通して読み手は、読んだテキストの主題について説明するために、内容を理解し、自分のことばでそれを再構成しなければならないので、retelling を行うことで、学習者はテキスト全体を理解する能力が要求され、読んだ内容を口頭で表現する練習にもなるため、効果的な言語訓練になるといえる (Morrow, 1985)。また、Isbell (2002) によると、何かの話について retelling することによって、子どもは想像力を使って自分の考えを広げ、視覚的イメージを作り出すことができるため、読解能力が養われる。さらに、Swain（1985年）の出力仮説 (Output Hypothesis) によると、ことばを習得するには、言語情報を与えるだけでは不十分であり、実際にそのことばを使ってみることで学習者は目標言語の習得過程で自身の文法知識や語彙知識が曖昧であることに気づくため、そのことばで表現してみることは重要である。ことばの習得を目指すならば、学習者がそのことばで表現してみる機会を与えるべきであるという出力仮説も retelling の効果を支持する理論といえる。つまり、読んだ話について retelling するためには、主題を中心に話の内容をわかりやすく相手が理解できるように伝えなければならない。その時に学習者は、自身が使える表現が十分でなく、文法知識不足で思うように聞き手に伝わらないと感じることがあるであろう。Retelling は学習者が目標言語で表現したいと考えていることと実際の目標言語能力レベルとの相違について気づかせることができる点で、効果的な言語訓練といえる。

2 読解能力を高めるための Retelling 活動

上記で述べられているように retelling によって教師は、学習者がテキストの主題を含めた内容をどの程度理解しているのか、自分のことばで説明する際に必要な語彙知識や文を構成する能力、および英語で話を伝える談話能力といった総合的な言語能力について学ぶことができる。

PREL (2004) によると、教師は学習者の言語能力の発達状況を理解するために、retelling には3つの指導の特徴 (performance, observation, conversation) がある。まず、学習者に retelling をさせるために様々なタスクを行うことである (ibid.)。教師は最初にテキストを学習者に読んであげてから retelling をさせる、または学習者にテキストを読ませて、教師にその内容を説明してもらう (retelling)、さらに retelling する前に教師がテキストについていくつかの質問をするなどのやり方がある (performance)。その間に教師は retelling を通して、学習者の語彙知識、推測能力、テキストの構造の理解度またテキストの内容を自分のことばで再構築する能力について観察し (observation)、retelling がうまくできるように指導する (ibid.)。教師は学習者が retelling をしている様子の観察記録を取って、次回の retelling 指導に役立てる。そして、学習者の retelling について観察した結果について feedback を与えるなどしながら話し合い (conversation) テキストの理解を助ける (ibid.)。学習者に様々なテキストについて retelling させ、学習者の retelling を観察し、学習者がお互いの retelling について意見交換をすること (conversation) で、教師は、学習者の言語運用能力で優れている点や改善すべき点を発見することができる。

　Retelling は、理論的にもテキスト理解能力を促進するために有効な方法であると考えられているが、実際のことばの訓練方法としても小学校や中学校で英語を学ぶ学習者の読みの力を高めるために使われている。Retelling を使って言語指導を行うためには、読んだ内容を retelling してみなさいと言っただけでは学習者は戸惑うだけなので、教師はまず段階ごとに学習者の retelling を補助する必要がある。実際に retelling を上手に行うための方略としては、まず学習者には典型的な物語の構成について理解させる必要がある (PREL, 2004)。先生が一度話を読んで聞かせた後に、学習者にその話の背景または舞台となっているところ、場面、登場人物、話の展開のパターンや談話の特徴について質問をして、内容理解を助ける (ibid.)。また、学習者の既存の知識を活用することになるた

め、本の表紙や話の題名からその内容について予測させる活動も retelling を上達させる方略である (ibid.)。さらに学習者の語彙知識を増やすためのタスクをさせることで、retelling の質を向上させることができる (ibid.)。

　就学前の児童を被験者とした retelling の効果に関する研究 (Dunst, Simkus & Hamby, 2012) によると、retelling の効果を上げるのに役立つ scaffolding のテクニックとして、① retelling のために学習者の興味を引くような話か、または学習者にも経験のある題材のテキストを選ぶこと、② retelling のために選んだテキストについて教師が紹介する時間を設けること、③テキストを読む前に、その内容について学習者の自由な考えを聞くことを目的とした質問 (open-ended questions) をしたり、④テキストの内容を予測させたりすること、⑤学習者が retelling をしているときに retelling を補助するための質問をする、⑥視覚教材を使って retelling をさせてみることがあげられる。Retelling 活動を通してテキスト理解とことばの運用能力を高めるためには、教師による scaffolding は特に重要である。「それで何が起こったの？」「次に何が起こったの？」「その人はなんて言ったのかな？」といった即興で質問をすること (prompts) も、子どもの retelling を助ける効果的な方略である (Isabell, 2002)。さらに、読んだテキストの主題について書くことによって他の人に伝えるという rewriting 活動の場合は、retelling のときに行われる、テキストの主題について再構成する作業に加え、その内容を文章で表現する能力を確認することができ、メタ言語能力を養成することもできる。

　一方、retelling を使って英語表現能力を育成できるかどうか調査した研究（池邊、2004）では、日本の学習者の英語表現能力を高めるためには、retelling ができるようになる前に段階的に細かな指導を行い、retelling の質の向上を目指す必要があるという示唆を得ている。この研究では、日本で英語を学ぶ高校生に retelling を週1、2回行い、それを5カ月間続けて、学習者が retelling したときに使った総語彙数と文の文法的な正確さの調査、retelling 活動をする前の自由作文と retelling 活動

を 5 か月間行った後の自由作文を比較してその能力の違いを測った。その結果、retelling の回数を重ねると英文を表出するのに慣れて来て流暢さを獲得してくるが、次第に文法的な間違いが増えてきて表現の正確さが減少してくる傾向にあることがわかった (ibid.)。このような正確さの減少をなくすためには、retelling を使った指導では量と質の両方を高めていく必要があるため、テキストを読む段階から retelling に使えそうな表現を予め教えておく必要がある。具体的にはテキストで出てきた単語をほかの英単語で言い換えた表現 (paraphrasing) を教えることによって、retelling で使える語彙を増やすような指導が必要である (ibid.)。つまり、英語を主要語として学ぶ学習者の場合は、Dunst, Simkus & Hamby (2012) や Isabell (2002) で述べられたようにテキストの内容について事実確認のための質問をする、open–ended questions をする、テキストの構造分析をする、題名や本の表紙から予測をするなどの方略で retelling の質の向上が期待できるが、英語を外国語として学ぶ日本の学習者の場合、より具体的にそのテキストの内容をどんな表現で言い換えて聞き手または読み手に伝えるか細かな指導も必要だということである。特にインプットやアウトプットの機会が限られている日本の英語学習者の場合、「英語を使って自分のことばで話す、書く」ことは困難を極める。そこで、学習者が使える表現で言い換える方略を予め訓練する必要がある。さらに、自分の英語表現で retelling した内容を何回も音読する、何回も書いてみるという練習を行うことが学習した英語表現の定着につながるのである。

　第 2 章でポートフォリオの活用について述べたが、retelling 活動もポートフォリオを利用してその質の向上が期待できる。Retelling をした後にそのもととなるテキストを読み返し、自身が表現することができなかった箇所を復習し、ポートフォリオに記録する。Retelling を繰り返す回数が増える度にどの程度適切な表現で retelling ができたか、テキストを再度確認し review を繰り返しながら自身の英語表現能力を内省して、その能力を改善することができる。または、学習者が retelling した内容

をボイスレコーダーで録音し、デジタルポートフォリオで保存する。後からその retelling の仕方について教師が助言を与える、学習者間でコメントをするなどの活動につなげることも可能である。

3 Retelling による指導を実践してみよう

　実際のテキスト（中学校検定教科書）を使って retelling を実践する。次のテキストは、New Crown English Series New Edition 1 (2015) の133ページにある"Japan's Funny Short Stories"の中の"Two Snakes"という笑い話である。

  Two Snakes are talking.
  Snake A: Hey, are we poisonous?
  Snake B: Yes, we are.
  Snake A: Really? Are we really poisonous?
  Snake B: Yeah. Why do you ask?
  Snake A: Well, because I just bit my tongue.

〈Retelling を活用した英語の指導例〉

Step 1：生徒は、テキストを1文ずつ流暢に読めるよう音読する。最初は、教師が model reading を行い、生徒が音に慣れてきたら、全員で chorus reading をする。

Step 2：表題"Japan's Funny Short Stories"とこの話の関係について日本語で生徒に質問する。この段階では、話の概要をつかませることを目的とする。
  ☑ポイント：2匹の蛇の挿絵に注意を向け、"Funny Short Stories"が「笑い話」であることか気づかせる。
  ☑ポイント：このテキストのどんな点が「笑い話」であるか気

づかせる。最後の行の"Well, because I just bit my tongue."の文字上の意味と、文脈から推測される意味について質問してみる。この段階でわからなくてもよいが、この最後の文に意味があることを理解させる。Step 4で再度扱うからである。

Step 3 ： テキストの内容を細かく読んでいく。テキストに書かれている英語表現を学習者が知っている他の表現で言い換えさせる。

☑ポイント：「2匹の蛇が話をしている」を表す他の表現について考えさせる。「これは、2匹の蛇の間での会話である」とも表現できることを教える。

  Two snakes are talking. (in the text)

have 動詞を使った表現

  Two snakes are having a conversation.

"This is a conversation between" を使った表現

  This is a conversation between two snakes.

☑ポイント：「有毒である」を表す他の英語表現について考えさせる。

ヒント：「毒」という名詞を使った表現にする

  We are poisonous. → We have poison.

  Are we really poisonous? → Do we really have poison?

  Yes, we are . → Yes, we do.

☑ポイント：「なんで（そんなこと）聞くのか」を表す他の表現について考えさせる。

  Why do you ask? → Why do you think so?

☑ポイント：会話のやり取りの際に使う英語表現について理解させる。中学1年生では、未だ間接話法については学習していないので、この段階では"says to"

や"answers"という英語表現を使うことを教える。このとき、主語が 3 人称単数現在であるため、動詞に"s"を付けるよう注意を喚起する。また、""（会話文を表す印の quotation mark）の中の表現については、驚きの気持ちや疑問を持っている様子を表すために抑揚に注意して retelling するよう指導する。

> Snake A: Hey, are we poisonous?
> → Snake A says to Snake B, "Hey, are we poisonous?
> Snake B: Yes, we are.
> → Snake B answers Snake A, "Yes, we are."
> Snake A: Really? Are we really poisonous?
> → Snake A says to Snake B, "Really? Are we really poisonous?"
> Snake B: Yeah. Why do you ask?
> → Snake B says to Snake A, "Yeah. Why do you ask?"
> Snake A: Well, because I just bit my tongue.
> → Snake A answers, "Well, because I just bit my tongue."

Step 4：教師は、"because I just bit my tongue."の意味について再度質問する。Snake A のこのことばの意味は、このテキストが笑い話である理由につながる。読解力という点で、生徒がテキストの意味をどのように構築し、理解しているか確認することができる。

☑ポイント：Snake A は、もし自分が毒蛇であるなら、自分の体の一部である舌をかんだことで、死んでしまう

のではないかと心配している様子が読み取れ、それをretellingの内容に入れるとどうなるか質問する。いくつか可能な表現を黒板に書く。

例：Snake A says to Snake B, "I just bit my tongue.
Then "I am going to die."
Then "I am going to be sick."
Then "I am going to fall down."

Step 5：テキストを他の英語表現で表す練習をした後、新しい表現の定着を図るために、生徒は、以下のような所々空所のある英文に適語を入れて完成する練習（穴埋め練習）をする。

This is a (conversation) between two snakes.

Snake A says to Snake B, "Hey, do we (have poison)?

Snake B answers, "Yes, (we do).

Snake A says to Snake B, "Really? Do we really (have poison)?

Snake B answers Snake A, "Yeah. Why do you (think so)?

Snake A says to Snake B, "Well, I just bit my tongue. Then (I am going to die / I am going to be sick / I am going to fall down).

Step 6：空所に適語を入れた後、生徒は完成された新しいテキストの意味を思い浮かべながら音読の練習をする。

Step 7：生徒は各自のポートフォリオに、第1回目の穴埋め練習でどのくらい正解したか、練習を重ねるごとに正解の数を記録し、retelling活動を通して自分が読んだテキストの内容を他の英語表現で表すことについての難しさや挑戦することの意義などについて自分の考えを記録する。

上記で説明したように、日本で英語を学ぶ学生にとってretelling活動

は難しいタスクである。日常生活における英語によるインプットやアウトプットの少ないEFL（英語を外国語として学ぶ）学習者の場合、paraphrasingによって他の英語表現の可能性について教える必要がある。また、retelling活動であっても、語彙や新しい英語表現の定着を図るためには、生徒はretellingした内容をrewritingして、その内容を音読するといった繰り返し学習が必要であり、その積み重ねによってやがてretellingのための表現探しを自力でできるようになるのである。このretelling活動には、英英辞書が必要となる。Oxford社から出版されている小学生や中学生用の英英辞書には、生徒のレベルに合った語彙が含まれており、自習用にも使えて便利である。授業中にも英英辞書を使う機会をなるべく多く与え、英語表現の知識量を増やすよう導くことが重要である。Step 1からStep 4までは、10分から15分くらいの時間を取り、何回かに分けて行うことが可能である。Step 5からStep 7は、宿題として課すことができる。特に、Step 6とStep 7は、生徒が自分で何回も復習することによって、自律学習の習慣をつけることができるであろう。

参考文献

池邊裕司（2004）「Reproductionを用いた英語表現能力の育成」第16回研究助成　B. 実践部門・報告IV, 146-152.

授業改善委員会「再話 (story retelling) を取り入れた授業改善」
　Retrieved July 19, 2017 from
　http://www.gifu-net.ed.jp/ssd/sien/gakuryokusougou_suisin/koutokugakkou/H25/16eigoH25/data02.pdf#search=%27retelling%E6%B4%BB%E5%8B%95%E3%81%A8%E3%81%AF%27

根岸雅史（他36名）（2015）『New Crown English Series New Edition 1』三省堂.

Dunst, C. J., Simkus, A., & Hamby, D. W. (2012). Children's Story Retelling as a Literacy and Language Enhancement Strategy. *The Center for Early Literacy Learning (CELL) Review, Vol5(2),* 1-14.

Gambrell, L. B., Pfeiffer W., & Wilson R. (1985). The effects of retelling upon reading comprehension and recall of text information. *Journal of Educational Research, 78,* 216-220.

Goodman, K. S. (1967). Reading: A Psycholinguistic Guessing Game. *Journal of the Reading Specialist, 6(1)*, 126-135.

Isbell, R. T. (2002). Telling and retelling stories: Learning language and literacy. *Young Children, 57,* 26-30. Retrieved July 16, 2017 from http://www.nacyc.org/yc

Kissner, E. (2006). *Summarizing, Paraphrasing, and Retelling: Skills for Better Reading, Writing, and Test Taking.* Portsmouth, NH: Heinemann Educational Books.

Morrow, L. M. (1985). Retelling Stories: A Strategy for Improving Young Children's Comprehension, Concept of Story Structure, and Oral Language Complexity. *The Elementary School Journal, Vol 85(5),* 647-660.

Pacific Resources for education and Learning (PREL). (2004). *Early Literacy and Assessment for Learning (K-3) Series Exploring Comprehension through Retelling: A teacher's Story.* 1-14. Retrieved July 16, 2017 from http://earlyliteracykit.prel.org/pdf/assess/Exploring%20Comprehension.pdf#search=%27Exploring+comprehension+through+retelling%27

Rohani, M., & Pourgharib, B. (2015). The Impact of Retelling Technique on Reading Comprehension of Iranian High School Students. *Journal of Language Sciences & Linguistics, Vol. 3(1),* 1-4.

Rosenblatt, L. M. (1978). *The Reader, The Text, The Poem.* Carbondale and Edwardsville: Southern Illinois University Press.

Swain, M. (1993). The output hypothesis: Just speaking and writing aren't enough. *The Canadian Modern Language Review, 50,* 158-164.

第10章

読みの躓きに関する
「Miscue 分析」の活用

1 小学校英語と中学校英語の連携を成功させる鍵

　小学校と中学校の英語指導をいかに連携させるかという議論は、これまで小学校英語教育学会を始めとした諸学会において教育関係者や研究者の間で行われている。小学校では、「積極的にコミュニケーションを図ることができる」学習者を育てる、「積極的に外国語を聞いたり、話したりすること」や「言語を用いてコミュニケーションを図ることの大切さを知ること」を目標として音声言語を中心に教え、国際理解を助けるために英語に慣れ親しむことが外国語学習の目標となっている（文部科学省a、p.9）。このため、小学校での英語学習は、音声言語の指導が中心となっている。一方、中学校での英語学習の目標は「コミュニケーション能力の基礎を養う」としているが、そのために「聞いたり話したり」に加え「読んだり書いたり」する言語活動を「バランスよく計画的・系統的に行うことが大切である」となっている（文部科学省b、p.9）。両校種の外国語学習の目標がこのように異なっていることが、小学校で英語活動を経験してきた学習者が中学校での英語学習に戸惑い、英語の理解で躓き、英語嫌いになってしまうという問題を引き起こす原因の一つになっていると考えられる。著者2名（小野、髙梨）を含む研究グループが2009年から3年間で実施した『中学校及び高等学校の英語教育に連携する小学校英語の指導内容・方法の開発研究』でもこの問題を扱った。被験者の小学生（都内私立小学校）は1年生の時から英語を音声言語中心に学んできた。その小学生が附属の中学校に進学してから小学校のとき学んだ単語をどれだけ理解しているかを調べるために筆記テストを実施した。その実験結果から、小学校で1年生から英語を教えていても、いわゆる音声中心の言語活動だけで読み書き活動をしなければ、語彙や文法規則が記憶されず、知識として定着しないため、中学校までに英語活動の効果を持続できない可能性のあることがわかった。この調査結果は、小学校の外国語活動でも音声言語だけでなく読み書き

指導を行い、4技能を統合した英語指導が必要であることを示唆している。

　ベネッセが2015年に実施した小学生の英語学習に関する調査（小学校5・6年生とその保護者1,565組を対象）がある。小学5・6年生の回答から、「外国語活動」の経験を通して61.5％の小学生が「教室の外で英語を使ってみたい」と答え、「英語がわかったり通じたりするとうれしい」「英語の授業に一生懸命取り組んでいる」と回答した学習者も8割以上であったことから、小学校での外国語活動は学習者の英語学習に対する動機を高めることに成功しているといえるだろう。また「外国語活動」では、英語で「コミュニケーションを図ろうとする態度の育成」をしているかどうかについての質問に対しては、7割以上の小学生が「英語のあいさつ」「英語ゲーム」「英語のことば（cat, apple など）を言う練習」や「英語の発音練習」、「短い文や質問を英語で言う練習」をしていると答えたことから、英語の音声に慣れさせ、英単語や英語表現を理解させるための授業を実施しており、小学校学習指導要領（文部科学省 a、p.9）に謳われている「積極的に外国語を聞いたり、話したりすること」や「言語を用いてコミュニケーションを図ることの大切さを知ること」の目標に沿った教育がなされているようである。しかし、「自分の考えや気持ちを英語で話す」という活動については、5割程度の小学生が「している」と回答していることから、その活動の比重は幾分低いこともわかった。一方、保護者調査の結果では、約6割が「外国語活動」について「あまり知らない、まったく知らない」と答え、満足度に関しても約6割が「あまり満足していない、まったく満足していない」と答えていることがわかった。また、保護者は、「子どもが英語力の基礎を身につけること」「中学校での英語学習がスムーズになること」をあげている。保護者も小学校と中学校での英語学習の連携がうまくいくことが英語能力育成の助けになると考えていることがわかる。実際に他の校種での英語学習についてはどのような報告があるのだろうか。

　平成28年度の文部科学省による「英語教育改善のための英語力調査

事業報告（中学3年生）(2016年)」では、世界標準となっているCEFR（ヨーロッパ言語共通参照枠）を使用して、現行学習指導要領で学んだ生徒の英語能力を測った。しかし、その結果は「読む」「聞く」「話す」「書く」の4技能がバランスよく訓練できていないことがわかった。特に「書くこと」で無得点者が多いこと、4技能の中ではアウトプット能力である「話す」「書く」言語活動には、より力を入れて指導する必要があることがわかった。また、平成27年度の文部科学省による「英語教育改善のための英語力調査事業報告（高校3年生）(2015年)」では、中学生に対する調査と同様に、多くの高校生が英語で「書くこと」と「話すこと」に大きな課題があると指摘された。さらに高校生の場合、依然として4技能統合型の言語活動の指導を強化する必要があるという報告もあった。この2つの校種における英語能力調査の結果とともに、前記したベネッセの小学生対象の調査の中で「英語に慣れ親しむ活動」に比べ「自分の考えや気持ちを英語で話す活動」の正答率が低かったことに注目してみると、日本の英語指導の弱点が見えてくる。英語で「話すこと」「書くこと」を通して考えや気持ちを英語で発信する能力を向上させるためにはどうすればいいのだろうか。そして、小学校での英語学習を中学校での英語学習に連携させ、英語で躓かない学習者を育成するためにはどのような方略が必要なのだろうか。

2 学習者の躓きを探るMiscue分析

　英語を外国語として学ぶ日本の学習者の場合、生活環境から得られる英語のインプット量が英語を第二言語として学ぶ学習者の場合よりも少ない。そのため「話す」「書く」といったアウトプット能力を高めるためには「英語で読む」ことから得られるインプットは量および質ともに重要である。文字、発音、意味の関連性に注目しながら語彙習得することと文法規則の理解、さらに文脈の理解を徹底することは言うまでもな

い。現在、中学1年生の教科書は、小学校と中学校での英語学習の橋渡しのために工夫されている準備レッスンから始まっている。中学1年生の最初のレッスンに小学校で学んだ内容が含まれていて、学んだ英語表現や単語を思い出させ、音で認識していたそれらの単語や表現の意味と文字を関連させるような内容になっている。例えば New Crown English Series New Edition 1 (2015) では "Get ready" というセクションを設け、アルファベット文字の学習、アルファベット文字を使って小学校で学んだ英単語や表現を書いてみるという英語で「読む・書く」活動に入る前の warming-up レッスンがある。また教科書の理解を強化するために、ほとんどの中学校では教科書に付随した問題集を使って新しく学んだ文法や単語を覚えるための練習をしている。公立中学校では、英語学習に躓いている学習者のために補講時間を設けている学校も少なくない。特に中間テストや期末テストの前には、テスト対策のために教科書や問題集の解説を行っている。

　しかし実際に補講時間を設けて、教科書や問題集の復習をするだけでは、中学生の英語理解を助け、英語についての正しい知識の定着を図ることはなかなか難しい。そこで、アウトプットの際に出てきた performance 上の間違いを訂正するという product-oriented な指導法ではなく、学習者の間違いを引き起こしていると思われる原因を探り、その原因を取り除く方法として miscue 分析を応用した指導法を提案する。学習者の間違いに潜んでいる英語学習に対する間違った認識 (learners' beliefs) を探り、その考えを訂正するための指導を行うことで、英語の躓きを取り除き、英語学習に対する学習者の意欲を高めることができるのではないかと考える。

　Miscue 分析は、読解過程の分析のために Goodman (1976) によって開発され、学習者の読解能力を測るために行われた分析方法である。Miscue とは、読み手が音読やテキスト理解をするときに、実際のテキストからずれてしまって、語句について予期しない読み方や解釈をしてしまう現象のことであるが、単なる学習者の読み間違い分析ではない。

Goodman (1976) の考え方によると、読み手がテキストの著者の意図を理解しようとしてする能動的なプロセスの結果生じる「しくじり」であり、読み手の miscue を分析することにより読み手がどのようにテキストを理解しようとしているかを観察することができる。Miscue は実際のテキストに書かれている内容以外の重要な情報、つまり読み手がいかにテキストを理解しようとしているかを示しているのである。また Goodman (1976) は、学習者の読解過程を分析する際に 3 つの cueing system に注目している (Wilde, 2000)。その 3 つの cueing system とは、graphophonic system、syntactic system、semantic system である。文字や語がどのように読まれているかを表す文字対音声体系 (または graphophonic system とも呼ぶ) では、語をどのようにとらえているかを観察することで、学習者の文字と音の関係についての知識を確認することができる、句、節および文の構造の体系について学習者が理解しているかどうか (syntactic system) に注意する、そして学習者が、テキストについての背景知識を活用し文脈に即してテキストの内容を理解しているかどうか (semantic system) も確認する必要がある (ibid.)。学習者の読解過程を分析していると、この 3 つの体系の相互作用が読解の程度に影響を及ぼしていることがわかる (Goodman, 1976)。

Miscue は、学習者にテキストを音読してもらうことから始まる。テキストのレベルは学習者の読解能力よりも幾分難しいものを選び、学習者はその初見のテキストを音読する。学習者が読んでいるときに、その読解行動のすべてを観察記録 (Running Records) に書き込む。Miscue 分析の主な例として、類似語、同意語、まったく異なった語への置き換え、文字や語の置き換えや入れ替え、類似の文字の読み替え、文構造の置き換え、文字、語、句の挿入および省略といった読み手の読解行動があげられるが、それらに加え、読み手が自分の読みの行動を訂正する行為 (correction) も見られることがあり、読み手がどのようにテキストを理解しているかを判断しなければならない。次に、miscue 分析例を示す。

類似の語への置き換え (Substitution)

　下記のテキストには「2匹のシロクマがおりの中を歩き回った」と実際には書かれているが、学習者が"wander"を"wonder"と読んだ例である。テキストが印刷されている観察記録に、学習者が読んだ語を以下のように書き入れる。

　　（読み手が読んだ語を書く）　　　　　　　　　*wonder*
　　（観察記録に印刷されている文）Two polar bears wander around in their cage.

省略 (Omission)

（読み手が読んだ語を書く）　　　　*cat*
（観察記録に印刷されている文）I like cats very much.

語の位置の入れ替え (Transposition)

（観察記録に印刷されている文に読んだ語順を記入する）
Did Mary talk with│John?（Did Mary talk John with? と実際に読んだ）
Kate left│Japan.（Kate Japan left. と実際に読んだ）

語の挿入 (Insertion)

（観察記録に印刷されている文に挿入した語を記入する）
　　　　to　　　　　　at
John came home and reached his apartment.

　ここで、学習者の読みの記録を分析してみるとどのようなことがわかるのか。"Wander"と"wonder"は、発音と綴りが類似していて、品詞という点でも間違ってはいないが、このように読んだことによって文全体の意味が変わってしまう。読み手は、この2つの語の綴りと意味の違いを誤認しているのか、この間違いにより文全体の意味が変わってしまっていることに気づいているのか否かわからない。

"Cat"に"s"をつけ忘れる現象は、ライティングでもしばしば見られる。可算名詞と不可算名詞の違いの理解が不十分ということであろう。"Talk"と"with"が離れてしまう場合、学習者は前置詞の理解が不十分である可能性がある。また、"Kate Japan left."は日本語の語順である。この例から、学習者は、前置詞の概念、語順といった英語という新しい言語構造について学習し直さなければならないという示唆が得られる。文字や語を挿入する例として、"came home"の間に"to"を入れる、"reached"は前置詞を取らないが、"at"を"arrive at"の場合と同じように「到着する」と混同して入れてしまう場合は、その事例を提示するか、使い方を訓練するタスクを用意するなどの工夫が必要となる。この他にもまた、中学1年生の英語学習でよく見かける躓きの例として、三人称単数現在の"s"が抜ける場合がある。教師はしばしば"he""she"だから"s"をつけなければならないと教える、名詞につく不定冠詞や数を表す語についても「猫は一匹？または2匹以上？」と質問して名詞は不定冠詞を付けるか複数形にする必要があることを思い出させるといった指導が行われている。しかし、日本の中学生は3人称単数現在の「彼」「彼女」の概念を本当に理解しているだろうか。日本の学習者にとって「彼」「彼女」はしばしば「デート相手、お付き合いをしている異性の友達」という意味である。今その場にいない男の人、女の人を「彼」「彼女」と呼ぶ、そしてその場合は動詞に"s"を付けるという指導が必要ではないだろうか。数に関しても、日本語では名詞が単数か複数かを意識することは英語の場合ほど多くなく、英語では「ものが数えられるか数えられないか」にこだわる言語であることを中学1年生にわかりやすく説明する必要がある。さらに語順についても、"Did Mary talk John with?"と書いた学習者に、「"John"と"with"の位置が反対だね。」と指摘するだけで十分なのだろうか。学習者の躓きを見つけるたびに、このような応急処置的に間違いを指摘して修正させるという指導は間違った指導というわけではないが、そのような応急処置的指導を繰り返すことが果たして学習者の知識の定着に役立つのだろうか。新しい言語の構

造と日本語の構造の相違点を強調した語順についてのタスクを用意して徹底した理解をさせなければならないであろう。本章で述べるGoodmanのmiscue分析方法を応用し、日本の英語学習者の「英語学習観察記録」をつけて英語の間違いの原因を調査しながら教えていく指導方法は、音声言語中心に学んできた学習者がアルファベット文字で読み書く活動への移行を円滑にすることができる。

3 Miscue分析を日本の英語学習に応用する方法

　Miscue分析を応用した英語学習観察記録の取り方の例を以下に提示する。これまで説明してきたように、学習者の読解過程を分析すると3つのcueing systemsが相互作用して躓きを生んでいることがわかる。そこで、miscue分析をした結果を3つのsystemのカテゴリーに分けて記録を付ける。この観察記録の付け方は、Clay (2005) のReading Recovery Programでの観察記録 (Running Records) に基づいている。以下のテキストは、New Crown English Series New Edition 1 (2015) のLesson 5、Part 3 (p.64) からの抜粋である。

　　　Raj: Is that a flute?
　　Emma: Yes, I'm in the music club.
　　　Raj: Nice. When do you practice?
　　Emma: We always practice on Tuesdays and Thursdays.
　　　Raj: Where do you practice?
　　Emma: Usually in the music room. Come and join us.

学習者miscueの例
　学習者は、以下のテキストを音読し、その音読されたテキストを以下に記録する。

```
                    X
    Raj: Is that a flute?

                         X
    Emma: Yes, I'm in the music club.

                     XRC
    Raj: Nice. When do you practice?

                              in       X         X
    Emma: We always practice on Tuesdays and Thursdays.

                 X
    Raj: Where do you practice?

                    X                       X
    Emma: Usually in the music room.  Come and join us.
```

　Xは、音読しているときに抜かしたという印である。3行目のXRCは、まずXがあるので、"do"を抜かして読んだのだが、後から間違いに気づき、もう一度読み直して訂正したということなので、RepeatのRを書き、その後でCorrectedのCを記入した。4行目の"Emma: We always practice on Tuesdays and Thursdays."では、"on"を"in"と書いて間違えたことを示す。そして"always"との関連に気づかず"s"を落としたと考えられる。この場合はCが書かれていないので、気づかずそのまま読んだということである。"Come and join us"の"and"は何らかの理由で読み飛ばされたのかもしれない。学習者が訂正をするという読みの行動は、問題解決能力があるということである。繰り返して読んでも自分の読みの行動を訂正できない場合もある。その場合は、教師はそこで躓いていると判断し、問題解決を助けるタスクを考える必要がある。

　実際のmiscue分析では、初見のテキストを音読して読解過程を調査する。中学生の英語学習に応用する場合は、初見ではなく、授業で教えた後、学習者がどれだけわかっているかを確かめるために、既習のテキ

ストを音読させる。教師がボイスレコーダーで学習者の音読を録音して、後から聞き返し、学習者 miscue を書き起こし、その後でレコーダーを学習者と一緒に聞きながら躓いた原因についてインタビューする。その結果を音読観察記録に記入する。

　学習者の躓きの原因を見つけるための miscue は、学習者へのインタビューの結果から3つの cueing system を使って記録する。インタビューによって学習者の読みの行為にはどんな問題があるのかを探ることができるからである。M は、meaning（意味）の躓き、S は syntactic error（統語上）の躓き、V は、visual（綴り）の躓きを表す (Clay, 2005)。例えば、音読観察からだけであると、（前述の学習者 miscue の例で）第1文 "Is that a flute?" の "a" が抜けたのは、不定冠詞の理解ができていなかった可能性があるので、S と記入することになる。第2文 "Yes, I'm in the music club." の "in" が抜けた場合も前置詞の理解不足が考えられ、S と記入する。第3文 "Raj: Nice. When do you practice?" では、"do" を抜かして読んだが、自分で抜かしたことに気づき、繰り返して正しく読めば、SC（Self-Corrected の略）と記入するとなる。第4文 "Emma: We always practice on Tuesdays and Thursdays." の場合、"on" と "in" を書き間違えた可能性もあるが、文法的にも意味においても間違っていた可能性もあるので、MSV と記入することになる。

　しかし学習者に躓きの原因についてインタビューして確認する必要がある。例えば、"Is that a flute?" の "a" は単なるそのときだけの不注意から起きた間違いかもしれない。第4文の "on Tuesdays and Thursdays" で "on" と "in" の意味や文法はわかっているが単に見間違えたとしたら V となるであろう。「火曜日と木曜日はいつも」の表現の意味がわかっておらず "s" が抜けた場合は、その部分は MSV と記録に記入することになる。もし第3文と第5文の両方で "do" が抜けていて "do" の文法上の役割についてわかっていない場合は、S と記入する。このように miscue に基づくインタビューによって、学習者の躓きの原因を突きとめることができる。

このような学習者miscueの結果をどう扱うか。教師は、学習者のmiscueの結果を音読観察記録に記入する方法において共通の基準が必要となる。MSVというcueing systemを使ってどの読みの躓きの原因をどう判断するか教師の意見が分かれるのを防ぐために、定期的に教員研修を行い、意見交換をしなければならないだろう。また、miscueは、学習者がなぜ間違ってしまったのか、その原因について示唆を与えてくれる。学習者で共通した躓きを発見した場合は、授業でその躓きを取り除くためのタスクを行う。もし少数の学習者が躓いているようであれば、補習時間に集中して教える。小学校での英語学習と中学校での英語学習を連携させるために、カリキュラムにつながりを持たせる、小学校と中学校の教師が交流の機会を持つなどの方法が考えられる。しかし、小学校と中学校での英語学習における連携は、音声中心に学ぶ小学校英語から文字を習い4技能の育成を目指す中学校英語への移行期間に際し、英語を学んでいる小学生が何をどこまで理解しているかを把握し、理解できていない部分とその躓きの原因を突きとめ、その躓きを取り除き、中学校での文字を取り入れた学習ができるように指導することだと考えられないだろうか。本章で提案する教師によるmiscueを使った音読観察記録は、学習者が自身の英語学習を振り返るポートフォリオ（本書第2章）とともに、小学校英語と中学校英語をつなぐ指導と英語学習の架け橋となるはずである。

引用文献

小野尚美（代表）、髙梨庸雄、大井恭子、高野恵美子、ゴードン・ロブソン（2009）『中学校及び高等学校の英語教育に連携する小学校英語の指導内容・方法の開発研究 A study Exploring Instructions and Materials for Teaching English to Elementary School Students in Japan in Preparation for English Education at Junior and Senior High School』平成18年度文部科学省科学研究費補助金　基盤研究 (C) 研究成果報告書（研究課題番号18520454）.

ベネッセ教育総合研究所（2015）『小学生の英語学習に関する調査』株式会社ベネッセホールディングス. Retrieved June 30, 2017 from http://berd.benesse.jp/

文部科学省a（2008）『小学校学習指導要領解説　外国語活動編』東洋館出版社.

文部科学省b（2008）『中学校学習指導要領解説　外国語編』開隆堂出版株式会社.

文部科学省（2015）『平成27年度　英語力調査結果（高校 3 年生）の速報（概要）』

　Retrieved July 1, 2017 from www.mext.go.jp/b_menu/shingi/.../1368985_7_1.pdf

文部科学省（2016）『平成28年度　英語力調査結果（中学 3 年生）の速報（概要）』

　Retrieved July 1, 2017 from www.mext.go.jp/b_menu\shingi/.../1368985_8_1.pdf

根岸雅史（ほか36名）（2015）『New Crown English Series New Edition 1』三省堂.

Clay, M. M. (2005). *An Observation Survey of Early Literacy Achievement.* North Shore: Pearson Heinemann.

Goodman, K. S. (1976). *Miscue Analysis Applications to Reading Instruction.* Urbana: ERIC Clearinghouse on Reading and Communication Skills.

Wilde, S. (2000). *Miscue Analysis Made Easy Building on Student Strengths.* Portsmouth: Heinemann.

おわりに

　先ごろ文部科学省は、2020年度から教科化される小学校の英語に関し、移行期間の2018年から2019年に公立小学校で使う新しい教材"We Can!"を公表した。2020年から英語が教科となる小学5年生では三人称単数の"he"が登場し、小学6年生では中学校英語につながるように過去形を勉強するようになっている。本の基本的な構成は、視覚からテキストの内容を理解させながら"Let's Watch and Think"で映像を見て考えさせる、"Let's Listen"となってその中で聞いてわかったことを書く、"Let's Play"では、やり取りをしながら話すことや聞くことをさせる、"Let's Talk"では聞くことと話すこと（ここでは発表）を行い、これらの活動を行った後で"Let's Read and Write"での読むことと書くことの指導が続く。また"Story Time"では、読み聞かせをして、テキストの内容を表した絵を見ながら、書かれている一文一文を読むようになっている。"We Can!"の"Story Time"はパラグラフの形をとるのではなく、英文が一文ずつ並んでいるテキストとなっている。アルファベット文字や単語などを認識し、読むことに慣れるようにすることを目的としている。これまで既に小学校英語教育学会(JES)や日本児童英語教育学会(JASTEC)では、小学校英語と中学校英語を連携させるためには小学校でも文字を取り入れた英語教育が必要であると唱える多くの発表が聞かれた。2020年の小学校5、6年生の英語の教科化に伴い、ようやく英語学習に文字を取り入れる動きになったようであるが、実際の授業で"We Can!"を使ってどの程度英語による読み書き活動が行われ、また中学校での英語学習につなげることができるほど十分な読み書き訓練がなされるか、小学校の英語担当教師が新しい教科書をどのように活用するか、またどれほど活用できるかは未知数である。

　「はじめに」で述べたように、本書の目的は、RR プログラムをモデ

ルとして、現在および2020年以降の小学校英語カリキュラムと中学校英語カリキュラムの中で実行可能な教材の活かし方を提示している。これまでの日本の英語教育の歴史では、英語は教養として学ぶべきか、実践的なコミュニケーション能力を習得するために学ぶべきかという論争を経て、近年さらに国際交流が盛んになり「グローバル人材を育成する」という目標を掲げ、国際理解を実現するために日本人がいかにして英語によるコミュニケーション能力を育成できるのかが問われている。Lingua franca としての地位を築いた英語は、国際交流のためには重要な言語である。国際理解能力を身に付けるための英語の重要な役割を認識し、日本でも公立小学校で小学校中学年から英語学習を始めることとなった。このように日本の学習者の英語習得が喫緊の課題となってきている今、現行のカリキュラムの中で教材を最大限に活用して英語指導の効果を高める方法を提案することは意義があると考え、RR プログラムの指導法を基に日本の小学校と中学校英語指導のための教材の活かし方を著している。

　本書執筆にあたっての前提となる考えは以下の通りである。
(1) 英語を外国語として学ぶ (EFL) 国で英語を習得するためには、学習者にできるだけ多くのインプットを与えることが必要である。特に日本の学習環境を考えると音声だけでなく文字によるインプットは最初から与えられるべきである。またそのインプットを学習者が知識として取り込む (intake) ためには、教師は授業のやり方を工夫しなければならない。
(2) 英語学習には、音声言語（聞く話す）だけでなく書記言語（読み書き）による訓練が初期段階から必要である。テキストは重要な情報（インプット）源であるため、その効果を上げるためには、教材の活かし方について考える必要がある。
(3) 英語学習では、学習者の既習の知識や興味に注目することにより、未知の事柄の学習へとつなげていくべきである。
(4) 英語の単語理解を促進するためには、音（音素の理解も含む）、綴り、

意味の関係規則について指導する必要がある。この点においても、英語学習は音声面だけでなく、文字を媒介とした読み書き活動を取り入れていくべきである。

(5) 英語学習には、英単語の理解だけでなく、文構造、文と文の関係を含む談話（パラグラフ構成）パターンについての理解も必要である。談話パターンは、英語を主要語としている話し手の思考パターンを表している。単語や文の理解だけでは、パラグラフを通してどのようなメッセージを伝えようとしているのか理解できないことになる。それでは真のコミュニケーション能力は習得できないであろう。

(6) 言語運用能力を高めるためには、教師との interaction、学習者同士のグループワークや presentation の機会を通して、英語で発信することを奨励すべきである。

(7) 英語指導の過程では、英語を教えるだけでなく、学習者の躓きにも注意を払い、学習者が抱えている問題や疑問に答えながら授業を進めていくべきである。英語学習の最終目標は、学習者が英語学習を通して、英語による問題解決能力を養成し、自律した学習者に成長することである。

本書の7つの前提で述べているように、英語学習の効果を上げるためには、学習者に多くの英語のインプットを与え、学習者がそのインプット情報を知識として取り込み (intake)、英語運用能力を習得できるように授業を工夫しなければならない。これまでの英語教材には（中学校の検定教科書も含めて）、教材とそれに付随する活動 (activity) や presentation をするための課題が用意されているが、教材の活かし方は提示していない。本書のそれぞれの章で紹介している教材の活かし方は、まさしく教材を通して与えるインプット情報を学習者が知識として取り込むことを助け、「英語で書き、話す」といったアウトプット活動を通して英語運用能力を高めることが期待される。小学校や中学校でどのような英語教材を使うことになっても、本書はその教材を効果的に使うためのアイディアを提供することができる。そして本書の教材の活かし方

を適切な場面で使うことで、小学校英語と中学校英語の指導法を関連づけることが可能になる。

　英語圏の小学校で読み書きに躓いている児童の能力回復を目指すReading Recovery Program（以下、RR プログラムと略す）の指導は、リテラシー教育の一環として行われている。この指導法を日本の英語指導法に応用する場合も、リテラシー教育の観点から英語指導を考えることになる。リテラシー教育によってどんな能力が育成されるのだろうか。リテラシーとは一般的には読み書き能力を意味する。子どもは、読み聞かせや自分で本を読む経験を通して、話の場面や筋 (plot) でどのようにことばが使われているかを学ぶ。話の内容について大人や友達と話し合う機会があれば、色々な語彙や表現を含め、物語の中で繰り広げられる内容について考えるようになる。このとき、子どもはことばが使われる状況（文脈）の中で意味を理解していく。このように文脈の中で出てくる語彙や表現に慣れてくることにより、子どもは状況に相応しい適切なことば遣いを習得する。これを繰り返し、それらの語彙や表現の理解が自動化し、その文脈がなくてもその語彙や表現の意味を理解し使える状態になっていく。そして、やがて学習者が新しい状況に置かれたときに、その状況に相応しい適切なことば遣いで意思伝達ができるようになるのである。本書で述べている storytelling 活動によって、文脈の中での語彙と表現の理解、文構成と英語による談話パターンを教えることができる。また、retelling / rewriting 活動、guided reading とそれに関連する writing 活動（読み書きをガイドする）、active learning を取り入れた英語指導は、それぞれの語彙や表現が使われているプロットの中での理解を助け、やがてプロットがない状態でもその語彙表現の意味と使い方の理解を確実にして、未知の状況でそのことばを適切に使うことのできる能力を養成するための訓練方法である。さらに観察記録を取り、学習者の読み書きに躓く原因を探りながらことばの習得を助けるといった RR プログラムにある指導の応用として、miscue 分析の考え方を応用して学習者の問題を解決する方法を提示している。ポートフォリオ（特にここでは e ポ

ートフォリオ）の活用は、学習者が自身の学習を振り返り、わかったこととわからなかったことを明らかにしていき、学習を一つ一つ積み上げながら進めていくのを助ける。

　英語学習の成果をあげるためには、音、綴り、意味の関連規則を教えるフォニックス活動は重要であるが、この活動だけでは英語能力を向上させることはできない。教師との interaction を通して英語で書かれたテキストを読み、語彙で躓いたときには音、綴り、意味の関連規則を理解させ、文脈の中での意味とテキスト全体のテーマの理解へとつなげていく必要がある。また学習者が英語知識として取り込んだ intake を活用して、英語で書く活動も必要である。書くことによって英語の語彙や文法知識の定着を図ることができる。書く活動でも学習者が一人で書くだけでなく、教師との interaction を通して書いたものが読み手に意味を伝える文になるよう指導する必要がある。また、読むテキストは、学習者にとって身近な内容のものから、未知の話題を提供するものまで、幅広いジャンルのものを読ませるようにする。このように本書で述べている教材の活かし方はそれぞれ意味があるため、どれかを選んで実施するのではなく、全てが英語学習の段階で適切に実行される必要がある。Storytelling 活動をインプットのための活動とすると、音、綴り、意味の関連規則を教える活動、active learning、retelling / rewriting 活動、guided reading と関連する writing 活動は intake を助け、アウトプットへとつなげていく活動となる。その過程で躓きの原因を発見し、その原因を突き止めて英語学習を助けていく miscue 分析やポートフォリオの使用も重要となってくるのである。

Index 索引

A
active learning, 41
active learning（応用）*, 70
automaticity, 95

C
cone of learning, 42
Contextualized Storytelling Approach, 13
cueing system, 128, 133, 134

D
discrete-point test, 46

E
emergent literacy, 9, 13, 103
ePortfolio, 21

F
Flesch-Kincaid Grade Level, 66

G
Guided Reading, 98, 99, 100, 101, 102, 104, 107, 108

I
instructional text, 1
integrative test, 46

J
jigsaw groups, 73

K
keyword density, 68

L
learning conversation, 100
literacy processing, 3
little books, 12
Look and Say method, 88, 89

M
meaningful learning, 94
miscue 分析, 126, 127, 128, 131, 132

P
paired notes, 73
Paper Portfolio, 22, 24
paraphrasing, 116
peer tutoring, 73
phonics approach, 89
purposeful dialogue, 100, 101

R
readability statistics, 66
Reading Recovery Program, 1
retelling, 112, 113, 114, 115, 116, 117, 119, 120, 121
roaming around the known, 2, 103
rote learning, 94, 95
round Robin, 73

S
socio-psycholinguistic process, 15
storytelling, 51, 52, 53

T
teaching groups, 73
The Pied Piper, 79, 81

think-pair-share, 73
transactional process, 14, 112

W
Whole Word method, 88, 89

Z
Zone of Proximal Development, 13, 100

え
英語学習観察記録, 131

お
音の聞き取り, 92, 94

か
学習意欲, 27, 32
学習成果の記録, 27, 32
学習の振り返り, 26, 29, 30, 31, 32
学習理解, 26, 29

け
言語パスポート, 20
言語履歴, 20

し
出力仮説, 113
使用頻度数, 40
資料集, 20, 21

せ
セグメンティング, 92, 93
選択理論 (choice theory), 41

つ
『鶴の恩返し』, 56, 57, 63

て
テキストの語彙分析, 63
デジタルポートフォリオ (Digital Portfolio), 21, 22, 23, 24

と
遠野物語, 52

は
『ハーメルンの笛吹き』, 80

ふ
複言語主義, 21
複文化主義, 21
ブレンディング, 92, 93

ほ
ポートフォリオ, 20, 22, 26, 28, 33

も
モジュール方式（応用）[※], 78

や
柳田国男, 52

よ
ヨーロッパ言語共通参照枠, 20
ヨーロッパ言語ポートフォリオ, 20

※これらの語彙は、該当ページには必ずしも active learning という語の記載がある訳ではありませんが、active learning の応用について述べてられています。

著者紹介

■ **小野尚美**　（おの　なおみ）

　成蹊大学文学部英米文学科教授。米国州立インディア大学大学院（ブルーミントン校）教育学部言語教育学科博士課程修了。学術博士。昭和女子大学短期大学部を経て、2004年から現職。著書に、『小学校英語から中学校英語への架け橋　文字教育を取り入れた指導法モデルと教材モデルの開発研究』（共著、朝日出版社）、『教室英語ハンドブック』（共編、研究社）、『「英語の読み書き」を見直す　Reading Recovery Program 研究から日本の早期英語教育への提言』（共著、金星堂）、『言語科学の百科事典』（共著、丸善株式会社）、『英語の「授業力」を高めるために—授業分析からの提言—』（共著、三省堂）、『応用言語学事典』（共著、研究社）、『リーディング事典』（共著、研究社）、高等学校英語検定教科書『World Trek-English Reading』（共著、桐原書店）。

■ **髙梨庸雄**　（たかなし　つねお）

　弘前大学名誉教授。ハワイ大学大学院修士課程修了。高等学校教諭、青森県教育センター指導主事、弘前大学教授を経て現職。全国英語教育学会・小学校英語教育学会・日英英語教育学会各顧問。著書に、『小学校英語から中学校英語への架け橋　文字教育を取り入れた指導法モデルと教材モデルの開発研究』（共著、朝日出版社）、『教室英語ハンドブック』（共編、研究社）、『「英語の読み書き」を見直す　Reading Recovery Program 研究から日本の早期英語教育への提言』（共著、金星堂）、『応用言語学事典』（共著）、『英語リーディング指導の基礎』（共著）、『英語コミュニケーションの指導』（共著）、『英語リーディング事典』（共編）、『教室英語活用事典』（共編）（以上、研究社）、『新・英語教育学概論』（共著、金星堂）、『小中連携を意識した中学校英語の改善』（共著、三省堂）、『小学校英語で身につくコミュニケーション能力』（共著、三省堂）。

英語教材を活かす―理論から実践へ―

2018年3月31日　初版発行

著　者　　小野　尚美
　　　　　髙梨　庸雄

発行者　　原　　雅久

発行所　　株式会社 朝日出版社
　　　　　〒101-0065　東京都千代田区西神田3-3-5
　　　　　TEL (03)3263-3321（代表）　FAX (03)5226-9599
　　　　　ホームページ http://www.asahipress.com

印刷所　　協友印刷株式会社

乱丁、落丁本はお取り替えいたします
©ONO Naomi, TAKANASHI Tsuneo, 2018.　*Printed in Japan*
ISBN978-4-255-01054-0　C0082